AF593029

CARTE SUCRIÈRE
de
FRANCE
PARIS
1874
ANGLETERRE
MANCHE
PAS DE CALAIS
MÉDITERRANÉE
PARIS
VERSAILLES
ORLÉANS
TOURS
NANTES
BORDEAUX
TOULOUSE
LYON
MARSEILLE
MONTPELLIER
PÉRIGUEUX
CAHORS
AGEN
AUCH
MONTAUBAN
ALBI
RODEZ
AURILLAC
LE PUY
VALENCE
PRIVAS
AVIGNON
NIMES
GRENOBLE
TULLE
Dép^ts renfermant plus de 100 sucreries
Dép^ts renfermant plus de 50 sucreries
Dép^ts renfermant plus de 10 sucreries
Dép^ts renfermant de 2 à 10 sucreries
Dép^ts ne renfermant qu'une sucrerie

LES
SUCRERIES FRANÇAISES

RAFFINERIES ET RAPERIES

Par départements, noms des fabricants et noms des localités

AVEC

UNE CARTE DE FRANCE COLORIÉE

INDIQUANT L'IMPORTANCE DES INSTALLATIONS DANS CHAQUE RÉGION

ET 18 CARTES DE DÉTAILS

1874

PRIX : 3 FRANCS

PARIS
BUREAUX DU MONITEUR DE LA SUCRERIE
52, RUE SAINT-GEORGES, 52

1874

TABLE DES MATIÈRES

Liste des fabriques classées par ordre alphabétique des départements

I

LISTE

PAR ORDRE ALPHABÉTIQUE

de départements

AISNE

Marle
Toulis
Autremencourt
Tavaux-Pont-Séric
Montcornet
Clermont
Dizy-le-Gros
Pierrepont
Missy
Crecy-Mortiers
Barenton-Bugny
Chambry
Vaux-sous-Laon
Coucy-les-Eppes
St Erme-Outre
Guignicourt
Berry-au-Bac
Cerny-en-Laonnais
Maizy
Dercy
Pouilly
Aulnois
Crépy-Laon
LAON
Urcel
Anizy-le-Château
Anizy-Pinon
Nouvion-le-Comte
Bertaucourt-Epourdon
St Gobain
LA FÈRE
Quessy
Tergnier
Viry-Noureuil
Chauny
Sinceny
Abbecourt
Barisis
Auffrique
Quincy-Basse
Trosly-Loire
Nogent s/Coucy
Blérancourt
Liez
Villequier-Aumont
Ognes
Ligne de Vervins
Ligne de Reims
Lille
Amiens
Compiègne
Soissons
N

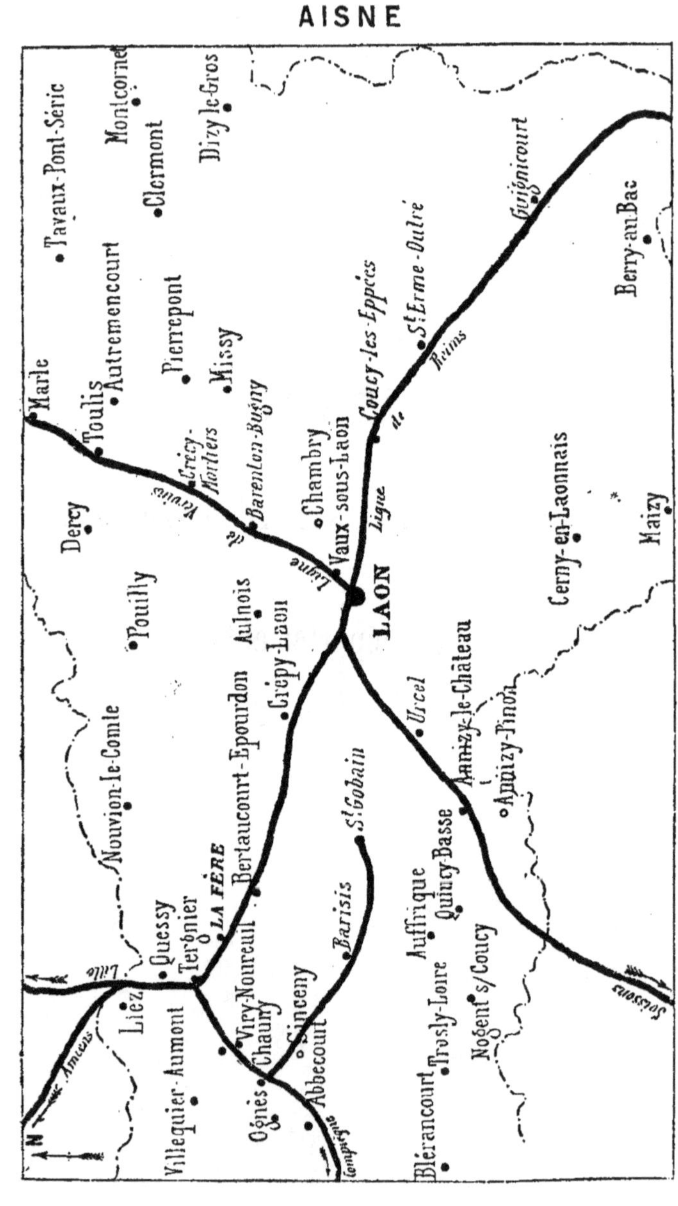

AISNE

Arrondissement de Laon

André et Cie	à Aulnois	Laon.
Desjardin, André et Cie	à Dizy-le-Gros.	
Bazin et Cie	à Clermont-les-Ferm.	Montcornet.
Bazin frères, Létrilliart et Cie	à Chambry	Laon.
Bazin, direct. (société anonyme)	à Missy-le-Pierrepont	N.-D.-de-Liesse.
Carette père	à Auffrique	Coucy-le-Château
Decroix, Belseur et Cie, avec râperies	à Crépy-sous-Laon.	
Decroix et Jadas	à Quessy	Tergnier.
Denoyon et Cie	à Blérancourt.	
Prudomme et Cie	à Quincy-Basse	Coucy-le-Château
Dorville père et fils	à Chauny (Ognes).	
Fouquet (Ch.)	à Sinceny.	
Galant et Letac	à Cerny-en-Laonnois	Colligis.
Gentillez et Cie	à Marle.	
Heyring et Cie	à Berry-au-Bac.	
Jacquemart et Delamotte	à Liez	Vendeuil.
Legras, Midelet et Cie	à Vaux-sous-Laon	Laon.
Lelong (A.) et Cie	à Chauny.	
Lemoine et Théry	à Trosly-Loire	Coucy-le-Château
Linard frères et Cie, avec râperie	à Montcornet.	
Mariolle, Letac, Vuaflart et Cie	à Toulis	Marle.
Meunier et Cie	à Autremencourt	Marle.
Miroux, Mention et Cie	à Tergnier.	
Watteau et Cie	à Tavaux - Pont -Séricourt et Gronard	Marle.
Sarrazin et Cie	à Mesbrecourt-Montigny	Crécy-sur-Serre.
Oger et Cie	à Bertaucourt-Epour	Lafère.
Prudhomme, Archery frères et Cie	à Anizy-Pinon	Anizy-le-Château
Baudouin, Prudhomme et Cie	à Nouvion-le-Comte.	
Baudouin, Prudhomme, Archery frères et Cie	à Catillon	Nouvion-l-Comte
Ringuier (E.)	à Maisy (H.-Rives)	Beaurieux.
Ternynck (avec râperies)	à Chauny.	
Ternynck (Aimé), id.	à Nogent-sous-Coucy	Coucy-le-Château
Ternynck-Jacquemin	à Rouez	Villequin-Aumont
Viéville, Jadas et Cie, avec râperies	à Pouilly	Crécy-sur-Serre.
Viéville, Jadas et Cie	à Dercy	Marle.
Prudhomme et Cie	à Anizy-le-Château.	

AISNE

La Bouteille
Vervins
St Gobert
Marle
La Capelle
Le Nouvion
Villers-les-Guise
Flavigny-le-Petit
Oisy
Fauçoucy
Monceau
Mesbrecourt-Montigny
Vadencourt
Boher
Chevresis-Monceau
Chevresis-la-Ferté
Origny-Ste Benoîte
Bohain
Fresnoy-le-Grand
Essigny-le-Petit
Seneroy
Geneve-Ponchaux
Prémont
Mont-St Martin
Nauroy
Omissy
St QUENTIN
St Lazare
Grugis
Montescourt
Vendhuile
Hargicourt
Pontru
Marteville
Labielle
Dallon
Fluquières
Douchy
Seraucourt
Clastres
Flavy-le-Martel
Aubigny
Avesnes-St Simon
Foreste
N

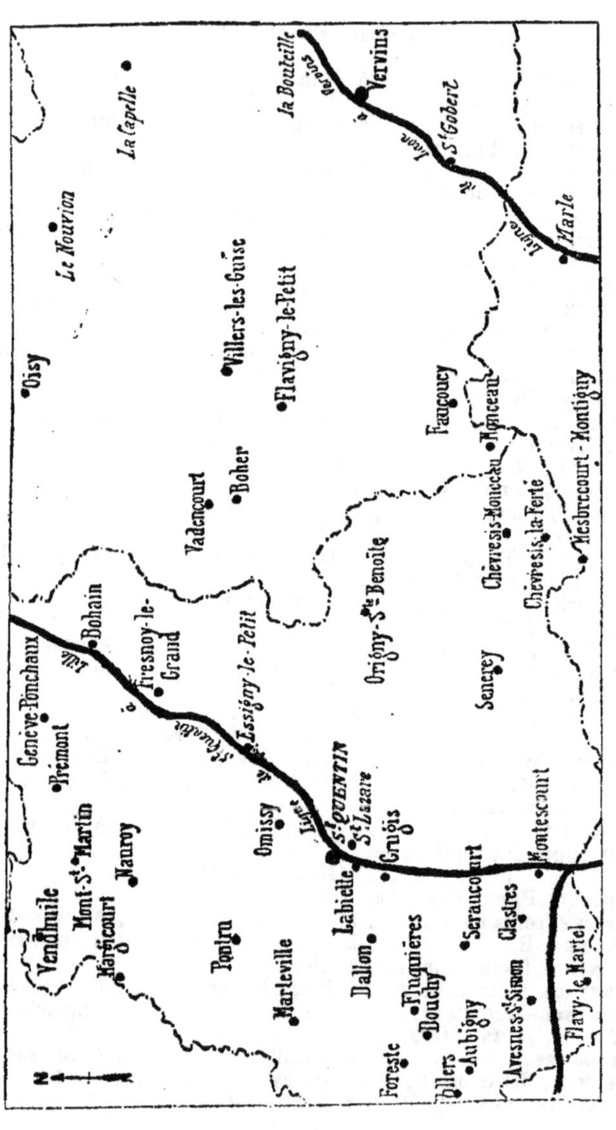

Arrondissement de Saint-Quentin

Blanchart et Mont. . . .	à Labiette	Saint-Quentin.
Briquet (Victor).	à Saint-Lazare	Saint-Quentin.
Herbert, Vénet et Cie. . .	à Fresnoy-le-Grand.	
Coquin, Dermigny, Galant et Cie.	à Hargicourt.	Bellicourt.
Dabancourt et Cie.	à Avesne-St-Simon . .	Saint-Simon.
Decroix, Vitart et Cie. .	à Aux Puisards. . . .	Ribemont.
Domengie (E.) et Cie. . . .	à Pontru.	Vermand.
Dusanter et Cie.	à Seraucourt	Saint-Simon.
Druelle, Payart, Cocquebert et Cie.	à Courcelles	Fresnoy-l-Grand.
Rigault et Cie.	à Omissy.	Saint-Quentin.
Fouquier d'Hérouel. . .	à Forest	Ham.
Giroud (Gust.) et Cie. . .	à Prémont.	Bohain.
Goumant, Linard et Cie (avec râperies).	à Origny-Ste-Benoîte	
Laurent (J.-B.) et Cie. . .	à Bohain.	
Lebas et Cie.	à Clastres	Saint-Simon.
Lefranc (A.) et Cie, avec râperies.	à Flavy-le-Martel.	
Georges et Cie.	à Vendhuile	Catelet.
Lemaire et Cie.	à Lesdins.	Saint-Quentin.
Martine frères et Cie. . .	à Villers-St-Christop. .	Ham.
Caudron et Cie.	à Marteville	Vermand.
Montfourny-Ancelin. . .	à Dallon	Saint-Quentin.
Niay père et fils, Rousseau (H.), Millot et Cie. . .	à Senercy	Ribémont.
Poulin.	à Montescourt (Lizer.).	Saint-Simon.
Quéquignon et Théry. . .	à Grugies.	Saint-Quentin.
Société anonyme d'Etricourt.	à Nauroy.	Bellicourt.
Théry-Lefevre et Cie, avec râperies.	à Montescourt (Liser.).	Saint-Simon.
Théry, Hazard et Capart.	à Genève-Ponchaux . .	Catelet.
Tordeux et Cie.	à Hamel-Seraucourt. .	Saint-Simon.
Viéville, Decroix et Cie. .	à Chevresis-Monceau .	Ribemont.
Villain.	à Mont-S-Mar. (Gouy).	Catelet.
Veuve Vinchon.	à Fluquières	Roupy.
Vinchon-Martine.	à Douchy.	Ham.
Société anonyme.	à Beautroux	Fresnoy-l-Grand

Arrondissement de Vervins

Bas, Charlier, Painvin et Cie.	à Villers-lez-Guise. . .	Guise.
Bazin, Vuafluart et Cie. .	à Faucouzy (Monceau-le-Neuf.	Crécy-sur-Serre.
Charlier, Painvin, Bas et Cie.	à Flavigny-le-Petit. . .	Guise.
Houel et ses fils.	à Vadencourt-Bohories	Guise.

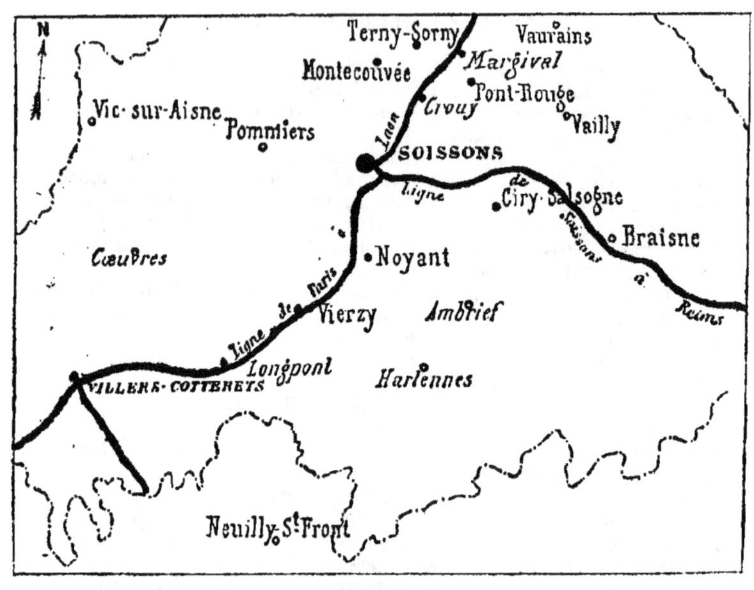

Arrondissement de Vervins (Suite)

Carte page 8

J. Lussigny et Cie.	à Vervins.	
Pajot (Th.) et Cie.	à Oisy.	Etreux.
Robinet, Waroquier et Cie.	à Any-Martin-Rieux. .	Aubenton.

Arrondissement de Soissons

Aubineau (J. et H.).	à Ciry-Salsogne. . . .	Braisne.
Brunehant (L.)	à Pommiers	Soissons.
Courtin et Cie.	à Vaurains.	Chavignon.
Courtin et Cie.	à Pont-Rouge.	Soissons.
Dufié frères.	à Braisne	
Larue (H.), avec râperies.	à Noyant.	Soissons.
Legru, Dollot, Moreau et Cie.	à Vierzy.	Soissons
Namuroy (Alexandre). . .	à Montécouvé.	Soissons.
Painvain, Charlier et Cie.	à Vailly	
Pillore, Ozanne et Cie. .	à Vic-sur-Aisne. . . .	
Sampité et Cie.	à Terny-Sorny	Soissons.
Santerre (A.).	à Milempart	Soissons.

Arrondissement de Château-Thierry

Curie (P.-J.) et Cie (avec râperies.	à Neuilly-St-Front. . .	

ARDENNES

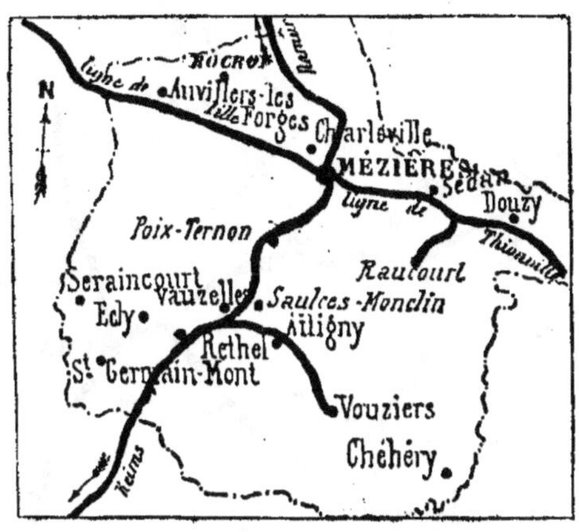

Arrondissement de Mézières

ROBINET, WAROQUIER et Cie, à Charleville (Tivoli).
ROBINET, WAROQUIER et Cie, à Charleville (Pet.-Bois).

Arrondissement de Rethel

LEMOINE et Cie. . . . . . à Seraincourt. . . . . Château-Porcien
LINARD frères.. . . . . . à Ecly. . . . . Château-Porcien
LINARD frères, avec râperie à St-Germain-Mont . . Château-Porcien
Société anonyme des sucreries Retheloises, F. LESUR, directeur. . . . . à Rethel. . . . . . .
Id. avec râperie. . . à Vauzelles. . . . . . Saulces-Monclin.

Arrondissement de Sedan

LEMMENS et Cie.. . . . . à Dozy. . . . .

Arrondissement de Vouziers

J.-B. BOCQUILLON et Cie.. à Chéhéry . . . . . . Apremont.
FRÈRE et Cie. . . . . . . à Attigny. . . . . . .
FRÈRE et Cie. . . . . . . à Vouziers . . . . . .
BOUCHEREAUX, GOVIGNON et Cie. . . . . à Le Chesne . . . . .

Arrondissement de Rocroy

DEQUESNE père et Cie. . . à Auvillers-les-Forges.

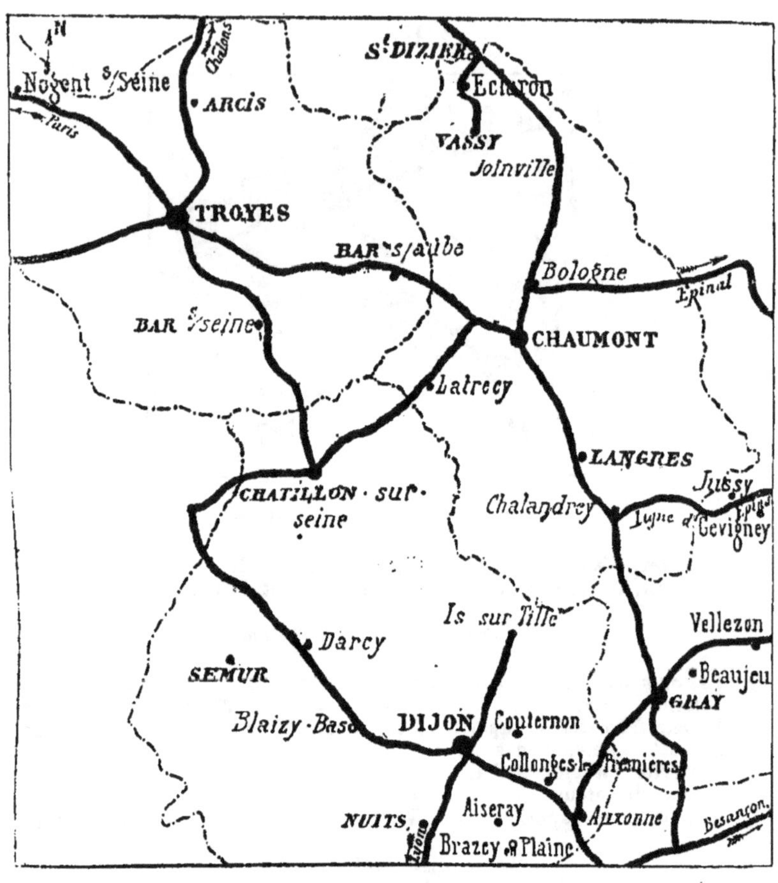

AUBE

Arrondissement de Nogent-sur-Seine

Linard et Cie . . . . . . à Nogent-sur-Seine . .

CHER

Arrondissement de Bourges

Renaudin (N.) et Cie. . . à La Guerche. . . . .

COTE-D'OR

Arrondissement de Beaune

VAVIN (P.) et Cie. . . . . à Brazey-en-Plaine . . St-Jean-de-Losne

Arrondissement de Dijon

MANUEL (Ch.) et Cie. . . à Collonges-les-Prem.. Genlis.
RÉGIS-BOUVET frères.. . . à Aiserey.
VALENTIN (Ch.). . . . . . à Couternon . . . . . Arc-sous-Tille.

DEUX-SÈVRES

Société anonyme sucrière des Deux-Sèvres, avec râperie.. . . . . à Melle.

EURE

Arrondissement des Andelys

MOIGNET, LARUE et Cie. . à Andelys.
D'OSMOY et Cie, avec râperies. . . . . à Etrépagny.
D'OSMOY et Cie. . . . . . . à Fontenay . . . . . Tourny.

Arrondissement de Bernay

CARTIER (E.) et Cie. . . . à Nassandres. . . . . Beaumont-le-Roger.

EURE-ET-LOIR

Arrondissement de Chartres

F. BOUREZ et Cie. . . . . à Béville-le-Comte . . Auneau.

HAUTE-MARNE

(Carte page 12)

Arrondissement de Vassy

Plichon (J.-B.) et Cie . . à Eclaron . . . . . . Saint-Dizier.

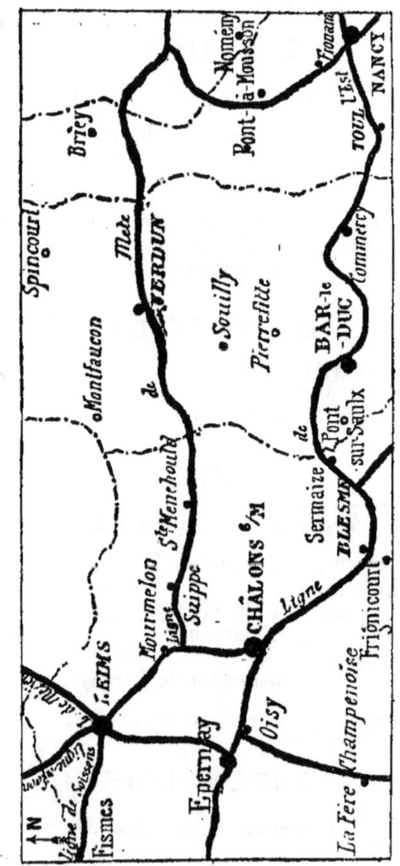

HAUTE-SAONE

(Carte page 12)

Arrondissement de Gray

En liquidation. . . . . . à Beaujeux. . . . . . Gray.
PETIT (Réné). . . . . . . à Vellexon. . . . . . Fresne-s-Mamès.

Arrondissement de Vesoul

E. MOTTE et L. BEAU-CHAMPS. . . . . à Gevigny . . . . . . Jussey.

INDRE-ET-LOIRE

Arrondissement de Tours

SCHMID frères et Cie. . . . à St-Etienne-Chag. . . Lhuynes.

ISÈRE

Arrondissement de la Tour-du-Pin

CAMICHEL et Cie. . . . . . à Saint-Clair-de-la-Tour-du-Pin.

LOIRET

Arrondissement de Pithiviers

H. BOURLET et Cie avec râperie. . . . . à Pithiviers

MARNE

Arrondissement d'Epernay

CAUVEZ et Cie. . . . . à Epernay.

Arrondissement de Reims

FONTAINE, ANDRÉ, BAZIN frères et Cie. . . . . . . à Fismes.
GOUMANT. . . . . à Fismes.

Arrondissement de Sainte-Menehould

A. VIVIEN et Cie. . . . . . . à Sainte-Menehould.

Arrondissement de Vitry

FAUGÈRES (V.) et Cie. . . . à Frignicourt. . . . . Vitry-le-Français
Société anonyme. . . . . à Sermaize.

NORD

N
CAMBRAI
AVESNES
Landrecies
Aulnoy
Berlaimont
Bavay
Jeumont
Ferrières
Haumont
Bassin
Dampierre
Sains
Anor
Catillon-sur-Sambre
Quesnoy
Wult
Eth
Wareschès
Frasnoy
Villersdal
Robersart
Solesmes
Haussy
Capelle
Caudry
Inchy
Beaumont
Busigny
Esnes
Villers-Outreau
Banteux
Raillencourt
Noyelles
Masnières
Jwuy
Escaudœuvres
Ligne de Lille à Cambrai

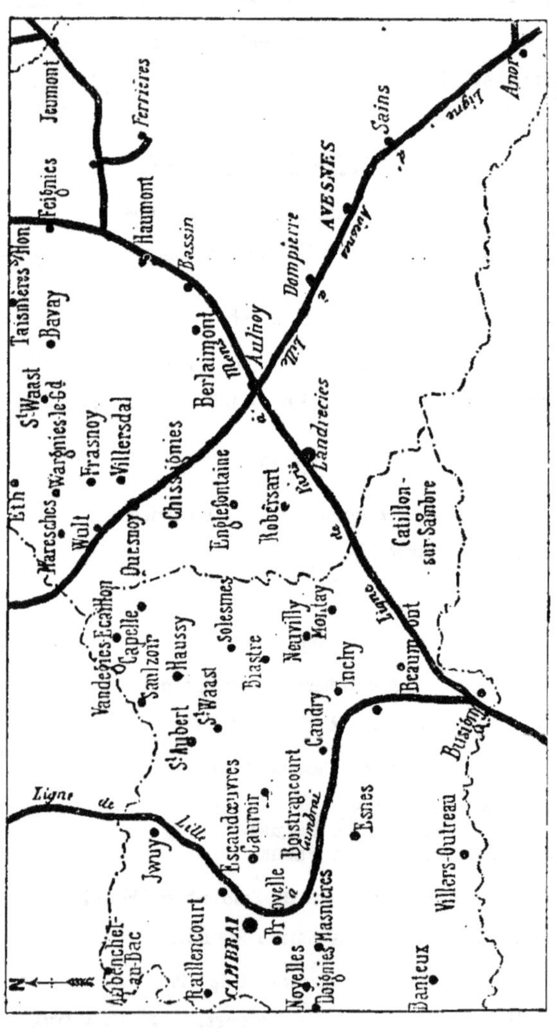

MEURTHE

(Carte page 14)

Arrondissement de Nancy

Société anonyme, A. BERTRAND, administrateur-délégué. . . . . à Pont-à-Mousson.
Société anonyme des sucreries de la vallée de la Seille. . . . . à Nomeny . . . . . . Nancy.

MEUSE

(Carte page 11)

Arrondissement de Bar-le-Duc

A. GRONNIER. . . . . à Pont-sur-Saulx . . . Bar-le-Duc.

NIÈVRE

Arrondissement de Nevers

Société anonyme (siége social chez BERNARD frères, à Lille, Nord).. . . . . à Piagny. . . . . . . Nevers.

NORD

Arrondissement d'Avesnes

BERNARD et Cie. . . . . . à Taisnières-sur-Hon . Bavay.
BUSIGNIES. . . . . à Villers-Pol . . . . . Quesnoy.
CACHEUX, GILLARD, LEFEBVRE et Cie. . . . . . à Quesnoy.
CARPENTIER-SŒUR et Cie. . à Maresches . . . . . Quesnoy.
DASSONVILLE, CHUFFART et Cie.. . . . . à Maresches . . . . . Quesnoy.
DERVAUX-IBLED, avec râperies. . . . . à Wargnies-le-Grand . Jenlain.
DESWATENNE, LEFÈVRE et Cie.. . . . . à Wult . . . . Le Quesnoy.
DOMENGIE et Cie . . . . . à Berlaimont.
DOUAY frères. . . . . à Ghissignies. . . . . Quesnoy.
L. GILLET, MARICAUX et Cie à Haumont.
GUILBERT et Cie. . . . . . . à Eth . . . . Jenlain.
HERBET et Cie. . . . . . . à St-Waast-lez-Bavay . Bavay.
MICHAUX, VAILLE et Cie. . à Englefontaine.
SILVÈRE-LOBRY. . . . . . à Houdain . . . . Bavay.
Société anonyme (Jules LEGRAND, administrateur délégué. . . . . à Robersart. . . . . . Landrecies.
LALLEMAND et Cie. . . . à Frasnoy . . . . . . Quesnoy.

Arrondissement de Cambrai

Botti.	à Forenville.	Cambrai.
Bracq (A.) et Cie	à Vandegies-Ecaillon .	Solesmes.
Colmant (H.) et Cie. . . .	à Saint-Waast.	Solesmes.
Coursier, Passet et Cie. .	à Banteux	Manières.
Decaux et Cie.	à Neuvilly	Le Cateau.
J. Delmotte et Cie. . . .	à Inchy-Beaumont. . .	Cateau.
Delloye-Lelièvre.	à Iwuy.	
Desvignes et Cie	à Raillencourt	Cambrai.
V. Doisy et Cie.	à Catillon-sur-Sambre .	Le Cateau.
D. Douay, A. Cayez et Cie.	à Neuvilly	Cateau.
Dujardin (A.) et Cie. . . .	à Masnières.	
Fontaine et Bernard. . .	à Aubenchel-au-Bac. .	Cambrai.
Fontaine (J. et A.) et Cie .	à Neuville-St-Remy . .	Cambrai.
Gautier-Peugnet.	à Masnières.	
Gabet.	à Jerchy	Caudry.
Goffart.	à Montay.	Cateau.
A. Gouvion et Cie, avec râperies.	à Saulzoir	Solesmes.
A. Gouvion et Cie.	à Haussy.	Solesmes.
Hallette (J.) et Cie. . . .	à Petit-Caudry	Caudry.
Hallette (Eug.) et Cie. . .	à Caudry (fabr. gare). .	Caudry.
Hallette.	à Esne.	Walincourt.
Harry et Cie.	à Doignies	Cambrai.
Macarez frères.	à Capelle-sur-Ecaillon .	Solesmes.
Mairesse (V.) et Vanackère (P.).	à Cauroir.	Cambrai.
Ménard et Cie	à Solesmes.	
Pierart, Jéronnez, Fauville et Cie.	à Saint-Aubert	Iwuy.
Th. Risbourg et Cie. . . .	à Noyelles-s-Escaut. .	Cambrai.
En liquidation.	à Boistrancourt. . . .	Carnières.
Société anonyme (Emile Théry, administrateur délégué).	à Busigny.	
Société anonyme de la fabrique centrale de Cambrai, avec râperies . . .	à Escaudœuvres. . . .	Cambrai.
Théry et Cie.	à Villers-Outreau . . .	Walincourt.
Vallez et Cie.	à Biastre.	Solesmes.

Arrondissement de Douai

Baucq.	à Marchiennes (F. V.).	
Billet (Alfred).	à Cantin.	Arleux.
Bonte et fils.	à Cantin.	Arleux.
Boulongne et Cie.	à Marchiennes	Douai.
Carpentier (Ferd)	à Fenain.	Marchiennes.
Cartigny frères.	à Hornaing.	Marchiennes.
Henri Catrice et Cie. . .	à Lauwin-Planque. . .	Douai.
Clerc-Urbain et Cie. . . .	à Frais-Marais	Douai.

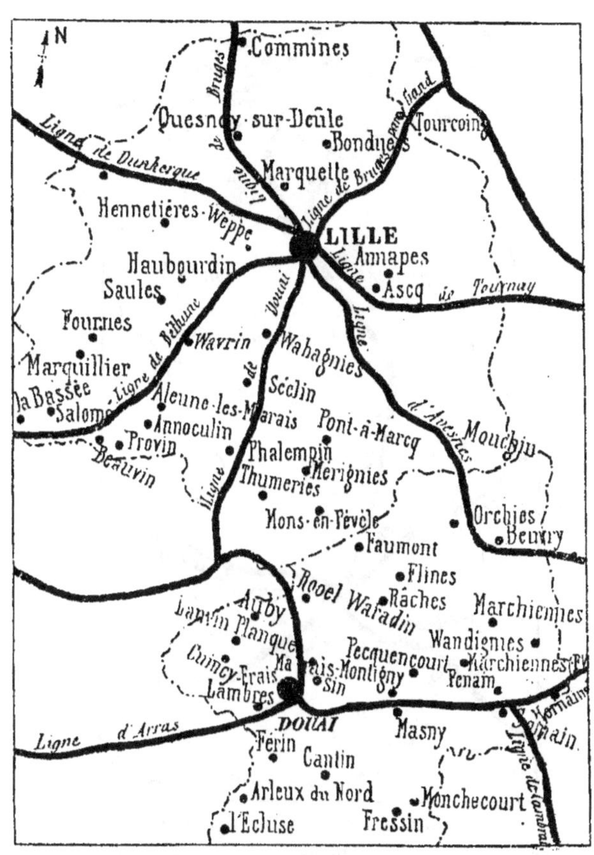

Arrondissement de Douai (Suite)

Clerc-Urbain et Cie. . . .	à Roost-Warandin. . .	Douai.
Cambier.	à Lambres.	Douai.
Cuvelier et Cie.	à Lambres	Douai.
Clovis, Godin et Cie . . .	à Cuincy.	Douai.
Couplet (D).	à Marchiennes (F. V.).	
Coupé et Cie.	à Férin.	Douai.
Delclève et Cie	à Râches.	
Desmoustiers..	à Faumont.	Râches.
Dubois (Antoine).	à Ecluse (l')	Arleux-du-Nord.
A. Dujardins et Cie. . . .	à Ecluse (l')	Arleux-du-Nord.
A. Dujardins fils et Cie . .	à Monchecourt	Aniche.
Duponchelle et Cie. . . .	à Orchies.	
En liquidation.	à Wandignies-Hamage.	Marchiennes.
Id.	à Auby.	Douai.

Arrondissement de Douai (Suite)

Fiévet frères.	à Masny	Douai.
E. Fiévet et Cie.	à Sin	Douai.
F. Finez et Cie.	à Beuvry.	Orchies.
Gruyelle-Rogier.	à Flines	Douai.
Honoré (F.) et Cie.	à Pecquencourt. . . .	Râches.
Lambelin.	à Monchecourt	Aniche.
Lanwin frères.	à Fressin.	Aniche.
Lesage (A.) et Cie.	à Flines	Râches.
Lubrez, Cathelain et Cie. .	à Sec-Marais.	Marchiennes.
Maroniez, Dovillers, G. Baucq et Cie.	à Montigny.	Douai.
De Mot frères et Cie. . . .	à Arleux-du-Nord. . .	Arleux.
Musy et Cie.	à Somain.	
Roquez, Finez et Cie. . . .	à Marchiennes.	
Trannin (Alf.).	à Au Raquet (Lamb.) .	Douai.
En liquidation.	à Orchies	

Arrondissement de Dunkerque

Ed. DURIN et Cie.	à Cappelle	Bergues.
DURIEZ et DROULLERS. . .	à Coppenansfort. . . .	Bourbourg.
DANTU-DAMBRICOURT. . . .	à Steene.	Bergues.
MAHIEU et CANDELIEZ . . .	à Coudekerque	Dunkerque.

Arrondissement d'Hazebrouck

HENNEBELLE frères. . . .	à La Fosse.	Estaires.

Arrondissement de Lille (Carte page 19)

BÉGHIN (F.).	à Thumeries	Carvin.
BERNARD neveu.	à Santes.	Haubourdin.
En liquidation	à Mouchin	Orchies.
BONZEL.	à Haubourdin.	
BRAME.	à Marquillies.	Fourne-en-Weppes.
BUTIN.	à Houbourdin.	
COGET et DELCROIX. . . .	à Phalempin	Carvin.
COLLETTE (H.).	à Allenne-les-Marais .	Séclin.
COLLETTE-VALLOIS.	à Séclin.	
CRESPEL (Léon) et Cie. . .	à Quesnoy-sur Deûle .	Quesnoy.
DANEL (Louis)	à Salomé.	La Bassée.
Ve DÉMAZIÈRES.	à Séclin.	
DESMOUSTIERS (Ern.). . .	à Mérignies	Pont-à-Marq.
DROULERS (Louis).	à Ascq	
DUJARDIN frères.	à Séclin.	
GODIN, DUBRUILLE et Cie. .	à La Bassée.	
GONDREXON (Louis), BRUNSWICK et Cie.	à Comines.	
GRARD et Cie.	à Provin.	Carvin.
HOUVENAGHEL.	à Salomé.	La Bassée.
LAMBLIN frères.	à Bondues	Tourcoing.
LEFÈVRE.	à Hennetières-s-Weppe.	Lille.
LEFÈVRE (A.).	à Mons-en-Pévèle. . .	Pont-à-Marcq
D'HÉNIN.	à Salomé.	La Bassée.
LEFORT et DUMONT	à Bauvin.	Carvin.
LEMAIRE.	à Bauvin.	Carvin.
LESAFFRE et BONDUELLE. .	à Marquette	Lille.
LESSENS (Aug.), représenté par M. SARAZIN.	à Annappes.	Lille.
PARSY frères.	à Annœulin.	Carvin.
Emile SCHOTMANS.	à Ancoisne.	Séclin.
TILLOY (Vve N.).	à Fournes.	
VALLOIS frères.	à Wahegnies.	Carvin.
Alexandre VALLOIS. . . .	à Mons-en-Pévèle. . .	Pont-à-Marq.

Arrondissement de Valenciennes (Carte page 23)

ALGLAVE et Cie.	à Quarouble	Onnaing.
DE BAILLENCOURT.	à Hérin	Valenciennes.
BAILLET frères.	à Denain.	
MOTTEZ et Cie.	à Saint-Amand.	

Arrondissement de Valenciennes (Suite)

Giraud et Cie	à Crespin.	
Bouchard-Vibaut et Cie	à Lecelles	Saint-Amand.
P. Bouchez	à Wasnes-au-Bac	Bouchain.
Brabant frères	à Onnaing.	
Bulteau-Fasciaux	à Rumegies	Saint-Amand.
Milcamps et Cie	à Bruille-St-Amand	Saint-Amand.
Cardon et Cie	à Neuville-sur-Escaut	Bouchain.
Caullet (C.-C.)	à Haspres	Bouchain.
Desprez, Cauvez et Cie, avec râperies	à Abscon	Lourches.
Cauvez, Ve Wargny, Ve Bocquillon et Cie	à Fresnes.	
Colin et Cie	à Flines-les-Mortagne.	Mortagne.
Cousin (C.) et Cie	à Vieux-Condé	Condé.
Couvion-Deroy	à Denain.	
Dassonville-Guyot	à Préseau	Valenciennes.
Defernez et Cie	à Hergnies	Condé.
Ratte et Cie	à Sebourg	Valenciennes.
Delerue (Em.) et Cie	à Wallers	Valenciennes.
Id.	à Raismes	Valenciennes.
Ve Delinsel	à Onnaing.	
Delloye, Lanthiez et Cie	à Avesnes-le-Sec	Bouchain.
Deslinselle (Aimé)	à Wavrechain-sur-Den.	Denain.
Deslinselle (Crépin)	à Denain.	
Doffenies (H.) et Cie	à Raismes.	
Dorchies, Hautcœur, Dassonville et Cie	à Anzin.	
Drion-Deslinselle	à Onnaing.	
Dutemple	à Valenciennes.	
En liquidation	à Aulnoy	Valenciennes.
En liquidation	à Nivelles	Saint-Amand.
Freville (L.) fils et Cie	à Onnaing.	
Giraud-Cuvelier	à Briquette (la)	Valenciennes.
Giraud-d'Haussy	à Briquette (la)	Valenciennes.
Gosselin et Cartigny frères, en liquidation	à Escaudain	Denain.
En liquidation	à Trith-Saint-Léger	Valenciennes.
Hamoir (G.) et frères	à Saultain	Valenciennes.
D'Haussy (J.-B.)	à Artres	Valenciennes.
Henneton et Cie	à Flines-lès-Mortagne	Mortagne-Nord.
Hennocq et Cie	à Brillon	Saint-Amand.
Hourriez, Gosselin et Cie	à Curgies	Valenciennes.
Hunet (T.) et Cie	à Estreux.	
Jacquemarcq et Cie	à Saint-Saulve	Valenciennes.
Mabille et Fauville	à Boucheneuil	Bouchain.
Jeronnez, Rigault et Cie	à Douchy	Bouchain.
Leduc-Jacquemarcq	à Artres	Valenciennes.
Lemer (L.) et Cie	à Bruille-St-Amand	Saint-Amand.
En liquidation	à Rosult	Saint-Amand.
Lemer-Talmant	à Thumelard-St-Amand	Saint-Amand.

NORD

N
Flines-les-Mortagne
Vieux-Condé
Hergnies
Condé-sur-l'Escaut
Crespin
Nivelles
Braille St Amand
Fresnes
Rumegies
Lecelles
Quiévrechain
Quiévrain
St Amand
Rosult
Ligne de Lille
Bruay
Forêt de Raismes
Quarouble
Ligne de Mons
Onnaing
Brillon
Vicoigne-Raismes
Bousignies
Raismes
St Saulve
Estreux
Sebourg
Anzin
Ligne de Douai
VALENCIENNES
Curgies
Cambrai
St Wast
Marly
Hérin
Saultain
Wallers
Havelluy
Aulnoy
Préseau
Trith St Léger
Wavrechain-sous-Denain
la Briquette
Famars
Somain
Aulchain
Denain
Artres
Escaudain
Maing
Thiant
Ligne
Abscon
Lourches
Douchy
Ligne d'Avesnes
Neuville s/Escaut
Marquette
Wasnes-au-Bac
Bouchain
Haspres
Avesnes-le-Sec

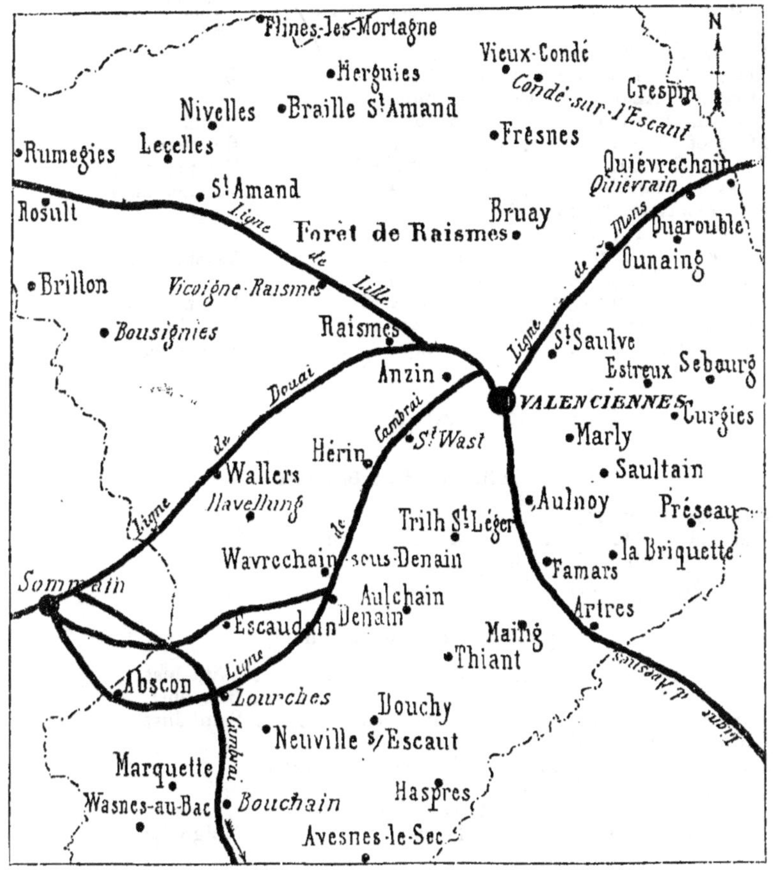

Arrondissement de Valenciennes (Suite)

Ve Lessens-Douay. . . . à Famars. . . . . . . Valenciennes.
Macarez (Henri). . . . . à Denain.
Guyot et Cie. . . . . . . à Fresnes. . . . . . . Condé-s-l'Escaut.
Mariage (J.-B.) et Cie. . . à Thiant. . . . . . . Denain.
Maurice. . . . . à St-Waast-la-Haut . . Valenciennes.
Miroux (Art.) et Cie . . . à Bruay . . . . Anzin.
Briffaut et Cie. . . . . . . à Anzin.
Mocq frères et Landrieux. à Aulchain. . . . . . Denain.
Monnard, Alglavé et Cie. à Onnaing.
Morelle frère et sœur.. . à Haspres . . . . . . Bouchain.
Musy et Cie . . . . à Marquette . . . . . Bouchain.
Pillon (Louis). . . . . . à Verchain-Maugré . . Valenciennes.
Stiévenart et Cie. . . . . à Curgies. . . . . . . Valenciennes.
Stiévenart et Cie, avec râperie.. . . . . à Valenciennes.
Taquet père et fils. . . . à Préseau . . . . . . Valenciennes.
Tassin et Cie. . . . . . . à Crespin.
Theillier, Miroux et Cie.. à Saint-Saulve . . . . Valenciennes.
Thomas Wayron et Cie. . à Quiévrechain . . . . Crespin.
Vandeville . . . . à Maing . . . . . . Valenciennes.

OISE

Arrondissement de Beauvais

Cheylus (E) et Cie.. . . . à Méru.
Mercier et Cie. . . . . . à Bresles.
Société à responsabilité limitée. . . . . à Noailles.

Arrondissement de Clermont

Bouché et Cie. . . . . . . à Ravenel. . . . . . . Saint-Just.
Daniel et Cie. . . . . . . à Froyères . . . . . . Blincourt.
Duriez et Cie . . . . . . à Wavignies . . . . . Saint-Just.
Lalande jeune et Cie. . . à Neuville-Roy.
Massignon et Dufour. . . à Crèvecœur-le-Grand .
J. Desjardins et Cie, avec râperies. . . . . à Saint-Just.
A. Stiévenart et Cie.. . . à Tricot . . . . Maignelay.

Arrondissement de Compiègne

Bachoux et Cie. . . . . . à Francières . . . . . Estrées-St-Denis
Beaurin (veuve) et de Beaumini. . . . . à Margny. . . . . . . Compiègne.
Bride et Tétrel. . . . . à Attichy.
Coponet et Cie. . . . . . à Ressons-sur-Matz.
Delarue aîné et Cie . . . à Buchoir . . . . . . Guiscard.

OISE

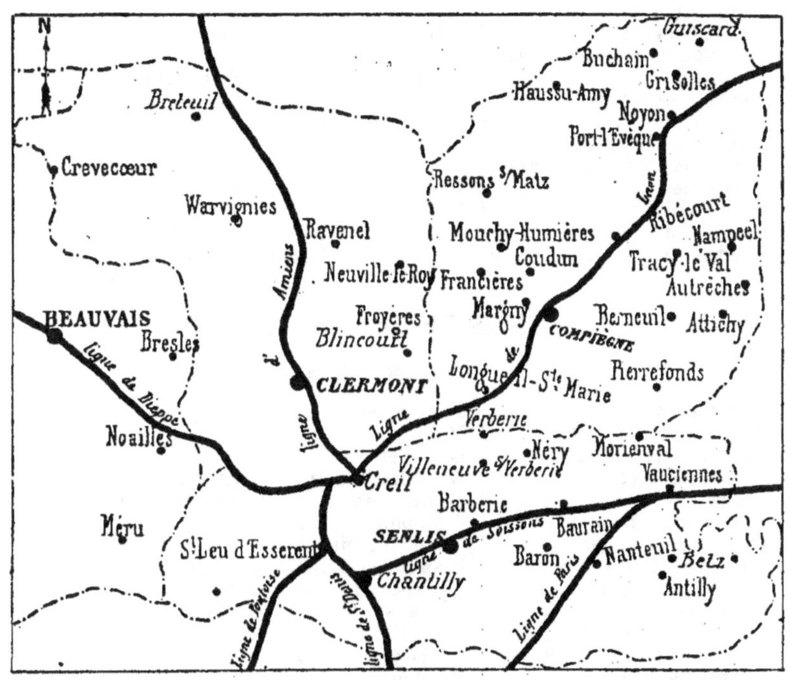

Arrondissemont de Compiègne (Suite)

DESMAREST, DELAHAYE et Cie à Coudun. . . . . . . Compiègne.
DENIS et Cie. . . . . à Pont-Lévêque. . . . Noyon.
LEGRU fils et Cie, avec râperies. . . . . à Pierrefonds.
LABARRE (A.). . . . . à Crisolles . . . . . . Guiscard.
LABARRE et Cie. . . . . . . à Noyon.
LABARRE, DUJARDIN et Cie. à Autrêches. . . . . . Attichy.
LABARRE, DUJARDIN et Cie. à Nampcel . . . . . . Attichy.
LABRUYÈRE et Cie. . . . . à Haussu-Amy . . . . Lassigny.
LECUS et Cie. . . . . à Guiscard.
LEFRANC (Ad.) et Cie. . . à Tracy-le-Val . . . . Ribemont.
Société anonyme de Berneuil, THOMAS, directeur. à Berneuil . . . . . . Cuise-la-Motte.
LUCY. . . . . à Ribécourt.
ODENT-QUEY. . . . . à Noyon.
STIÉVENART (Louis). . . . à Longueil-Ste-Marie.
STIÉVENART (Alexis) et Cie. à Monchy-Humières.

Arrondissement de Senlis

BOUDON (Georges) et Cie. .	à Antilly.	Betz.
CRUDENAIRÉ (A.) et Cie. . .	à Néry.	Saint-Leu.
ECLANCHER et Cie, avec râperie.	à St-Leu-d'Esserent. .	Saint-Leu.
GÉRARD, NIAY et Cie, avec râperie	à Vauciennes.	Villers-Cotterêts.
CARANDAS frères.	à Morienval	Crépy.
LALLOUETTE (Fréd.), avec râperies.	à Barbery	Senlis.
Id. . . .	à Beaurain.	Senlis.
Id. . . .	à Baron	Nanteuil.
QUAREZ et Cie	à Villeneuve-s-Verberie	Verberie.

PAS-DE-CALAIS

Arrondissement d'Arras

VERZIER et Cie.'	à Brebières.	Vitry.
Alfred DOISY et Cie. . . .	à Vitry.	
BAUDRY (J.) fils et Cie . .	à Croisilles.	
J. BLONDEL et Cie.	à Neuville-Vitasse. . .	Arras.
CANDELIEZ.	à Graincourt.	Vis-en-Artois.
CARON (E.), DAMIEN et Cie	à Guémappe	Croisilles.
CARON (A.) et Cie.	à Vis-en-Artois.	
CHAMPON (E.) et Cie . . .	à Blangy-les-Arras. . .	Arras.
Clovis DUJARDIN et Cie. .	à Agnez-les-Duisans. .	Arras.
CUVELLIER et Cie.	à Duisans	Vimy.
DEBAILLEUL et Cie.	à Mareuil	Arras.
DEFONTAINE père, fils et Cie.	à Cherizy.	Croisilles.
DELECOUR (Ch.)	à Boisleux	Boyelles.
DEMORY.	à Vitry.	
DEMIAUTTE.	à Saint-Léger.	Croisilles.
DUJARDIN (Ed.) et Cie. . .	à Boyelles.	
DUJARDIN frères et Cie. . .	à Fampoux.	Arras.
E. CŒUILTE et Cie	à BailleulSireBerthoult	Vimy.
Ed. DUBOIS et Cie.	à Boiry-Ste-Rictrude. .	Boyelles.
GONTRAN D'HAINAUT et Cie.	à Beaumont	Vitry.
MORIZE et Cie	à Fosseux	Arras.
En liquidation.	à Corbehem	Vitry.
F. FRUCHART et Cie. . . .	à Avion	Vimy.
Id. . . .	à Rœux	Vitry.
GODEFROY et TRANNIN. . .	à Ecourt-St-Quentin. .	Marquion.
GRARD (H.), César DUJARDIN et Cie.	à Wailly.	Arras.
HANICOTTE (Auguste). . .	à Saint-Nazaire. . . .	Souchez.
HAVRINCOURT (Mquis d') . .	à Havrincourt.	Berthincourt.
IWENS et Cie.	à Bihucourt	Bapaume.
LANTHIEZ (A.) et Cie. . .	à Barale.	Marquion.
LECLERCQ.	à Rouvroy	Vitry.
LEGENTIL et Cie.	à Neuvireuil	Vimy.

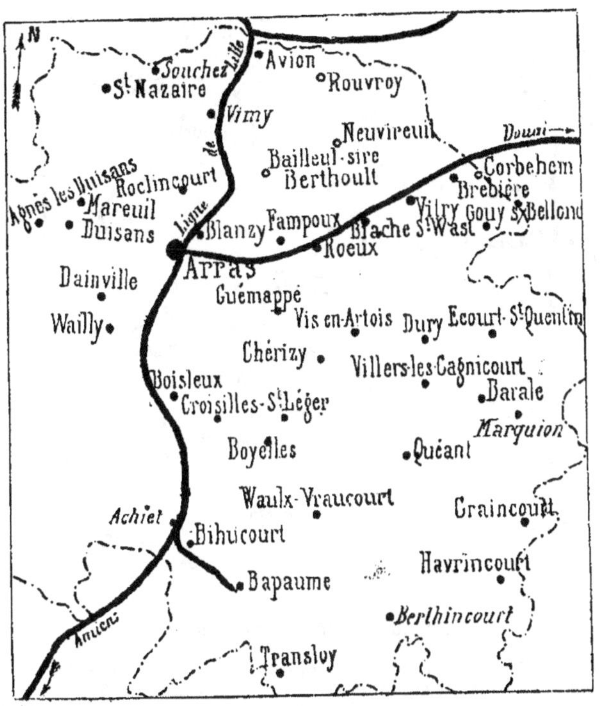

Arrondissement d'Arras (Suite)

Legentil, Trannin et Cie. . à Quéant. . . . . . . Marquion.
Leloup (J.) fils et Cie. . . à Arras.
Locoge (E.) et Cie. . . . à Dury. . . . . Vis-en-Artois.
H. Morize. . . . . à Vis-en-Artois. . . . Arras.
Palyart et Cie. . . . . . à Waulx-Vraucourt . . Croisilles.
Pamart (J.) et Cie. . . . à Gouy-s-Bellonne. . . Vitry.
Piéron. . . . . à Avion . . . . Vimy.
Th. Pilat. . . . . à Brebières. . . . . Vitry.
Vve Provins et ses fils. . à Bapaume.
Rohart et Cie. . . . . . . à Roclincourt. . . . . Arras.
Rohart, Dollet, Cochon et Cie. . . . . à Vis-en-Artois.
Saguier et Cie. . . . . . à Transloy . . . . . . Bapaume.
Tamboise. . . . . à Rouvroy . . . . . . Vitry.
Trannin-Defontaine. . . . à Biache-Saint-Waast . Vitry.
Vallet (G.) et Cie. . . . à Dainville . . . . . . Arras.
F. Vanderwallen de Fernig et Cie . . . . à Villers-les-Cagnicourt Vitasse.

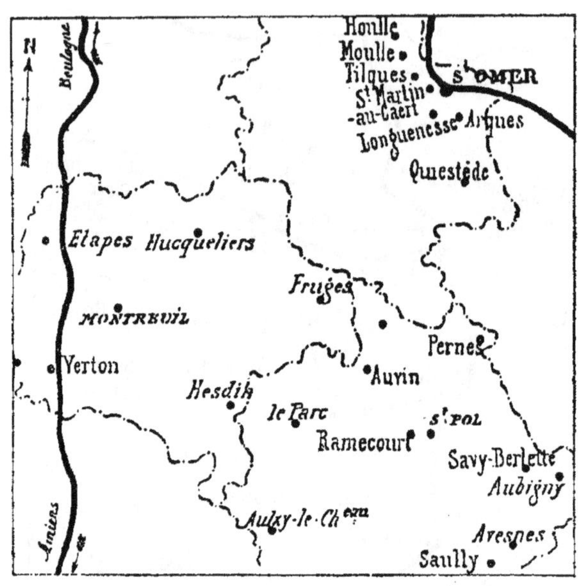

Arrondissement de Béthune

Beauvois-Bouxin	à La Pugnoy	Béthune.
Bourgeois (V.) et Hubert	à Bourecq	Lillers.
Dérousseaux et Cie	à Mazingarde	Bully-Grenay.
Calonne (L.) et Cie	à Verquin	Béthune.
Vve Cambier et Vve Brunelle	à Pont-à-Wendin	Lens.
Dedusne	à St-Hilaire-Cottes	Lillers.
Decrombecque fils	à Lens.	
Delaby frères et Cie	à Courcelles-lez-Lens	Hénin-Liétard.
Delaunay fils et Cie	à Hénin-Liétard.	
Deligne	à Carvin.	
Deligne et Cambier	à Pont-à-Wendin	Lens.
Dellisse-Engrand	à Annay	Lens.
Delisse (Gustave)	à Béthune.	
Dermenghem et Cie	à Lillers.	
A. Devaux	à Saleux	Lens.
Paul Dumon	à Calonne-Ricouart	Houdain.
Dufour et Cie	à Annay	Lens.
Dupire	à Carvin.	
Dutertre	à Carvin.	
Engrand et Cie	à Lières	Lillers.
Cabau	à Courrières	Hénin-Liétard.
Gamot-Decrombecque	à Gosnay	Béthune.
Gruyelle-Marchand	à Hénin-Liétard.	

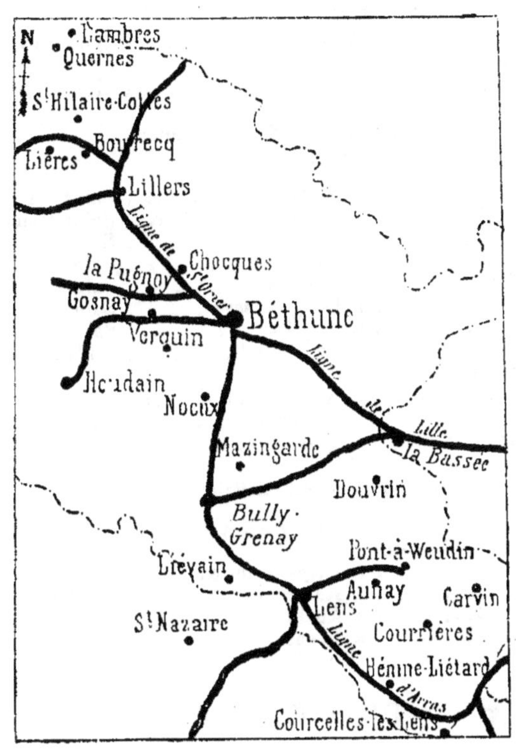

Arrondissement de Béthune (Suite)

HANNICOTTE	à Béthune.	
HANON (Ch.)	à Nœux	Béthune.
En liquidation	à Liévain	Lens.
LECOCQ et CRÉPEAU	à Douvrin	La Bassée.
LENGLIN	à Douvrin	La Bassée.
LEROY ET BEGHIN	à Douvrin	La Bassée.
LEQUIEN (C.)	à Carvin.	
MENU frères	à Carvin.	
MILLE et Cie	à Quernes	Aire-sur-la-Lys.
OUTREBON (C. et A.)	à Béthune.	
SÉNÉCHAL ET HASNON	à Chocques.	
TILLOY-DELAUNE et Cie	à Courrières	Hénin-Liétard.
YOSBERGUE (Emile)	à Lambres	Aire-sur-la-Lys.
WOUSSEN et Cie	à Houdain.	

Arrondissement de Montreuil

Corblet et Cie. . . . . . à Verton. . . . . . . Berk-sur-Mer.
Mention, Rodolphe Quarez et Cie. . . . . . . à Marconnelle. . . . . Hesdin.

Arrondissement de Saint-Omer

(Carte page 28)

Belin. . . . . à St-Martin-au-Laërt . Saint-Omer.
Cambronne (E.). . . . . à St-Martin-au-Laërt . Saint-Omer.
Degrave.. . . . . à Moulle . . . . Saint-Omer.
Lafoscade. . . . . à Houlle . . . . Saint-Omer.
Legrand (Ad.). . . . . . à Tilques . . . . Saint-Omer.
Platiau frères. . . . . . à Longuenesse . . . . Saint-Omer.
Porion (P.). . . . . . . à Arques. . . . . . . Saint-Omer.
Stocklin et Cie. . . . . . à La Bistade. . . . . Audruick.
Société anonyme, avec râperies. . . . . à Ardres (Pont-sans-Pareil). . . . . . Ardres.
Verlet-Charvet et fils. . à Quiestède. . . . . . Aire.

Arrondissement de Saint-Pol

Crépin.. . . . . à Saulty . . . . Arbret.
Deregnaucourt, Largillière et Cie. . . . . . à Savy-Berlette. . . . Aubigny.
Lecouffe (Eugène). . . . à Ramecourt. . . . . Saint-Pol.
A. Miroux et Cie.. . . . à Anvin . . . . Heuchin.
Troussel.. . . . . à Pernes.

PUY-DE-DOME

Arrondissement de Clermont-Ferrand

Société à responsabilité limitée, siége social, rue du Louvre, 6, à Paris... à Billom.

Société à responsabilité limitée, siége social, rue Basse-du-Rempart, 50, à Paris. . . . . { à Bourdon . . . . . / à Chagnat. . . . . / à Chappes. . . . . / à Saint-Bauzire . . . } Aulnat.

SAONE-ET-LOIRE

Arrondissement de Chalon-sur-Saône

Société anonyme des sucreries de Chalon et Tournus. . . . . à Chalon-sur-Saône.

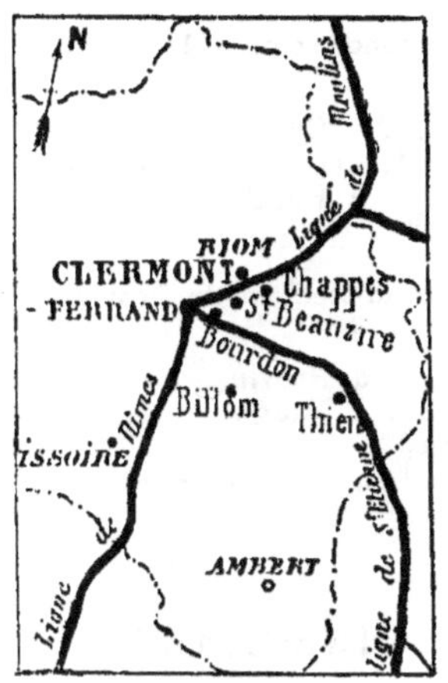

Arrondissement de Charolles

Ch. STORME . . . . à Palinges.

Arrondissement de Mâcon

CHARBONNEAU. . . . . . . à Tournus.
Société anonyme des sucreries de Chalon et Tournus. . . . . à Tournus.

SEINE-INFÉRIEURE

Arrondissement de Dieppe

LINARD (J.). . . . . à Auffay.

SEINE-ET-MARNE

Arrondissement de Fontainebleau

MALMAZET (J.) et Cie. . . à Montereau.

Arrondissement de Meaux

CORBIN (H.) et Cie. . . . . à Lizy-sur-Ourcq.
MILLON et Cie. . . . . . . à Mitry.
Société sucrière avec râperies. Administrateur délégué, M. de LOYNES (E.) à Villenoy . . . . . . Meaux.
Société anonyme sucrière, avec râperies. . . . . . à Lizy-sur-Ourcq.

Arrondissement de Melun

Dufay et Cie. . . . . à Chevry-Cossigny.
A. Poulet et Cie. . . . . à Guignes-Rabutin.
Devèque et Cie. . . . . . . à Ponthierry.

Arrondissement de Provins

Munault et Cie. . . . . . à Provins.
E. Dewez et Cie. . . . . à Nangis.
Société anonyme, avec râperies. . . . . à Bray-sur-Seine.

SEINE-ET-OISE

Arrondissement de Corbeil

Société anonyme. Réné, directeur. . . . . à Mennecy.

Arrondissement de Pontoise

P. Corbin et Cie. . . . . à Ws-Marines. . . . . Vigny.
Legru père, fils et Cie, avec râperies. . . . . à Mareil-en-France . . Luzarches.
Société anonyme, siége social, 6, rue du Louvre, à Paris. . . . . à Villeron . . . . . . Louvres.
S. Tétard et E. Tétard.. à Gonesse.

Arrondissement de Mantes

P. Corbin et Cie . . . . à Magny.

Arrondissement de Rambouillet

B. Legru et Cie . . . . . à Paray-Douaville.

Arrondissement de Versailles

Gilbert, Vuaflart, E. Lemaire et Cie. . . . . . à Chavenay-Grignon. . Villepreux.

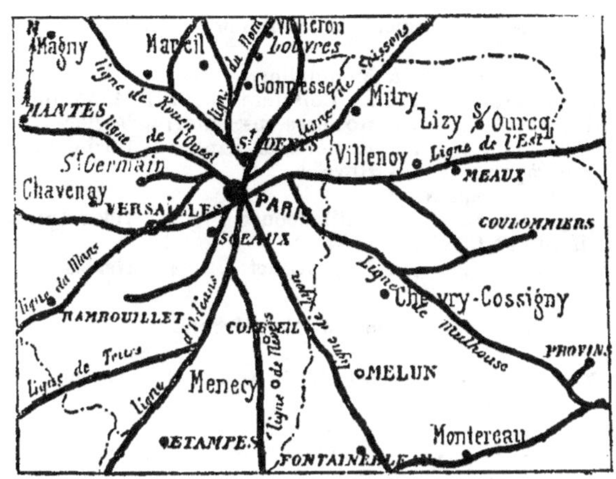

SOMME

(Carte page 35)

Arrondissement d'Abbeville

Corblet et Cie. . . . . . . à Rue.
Fréville (C.) et Cie.. . . . à Château-Neuf. . . . Rue.
Société à responsabilité limitée, siége social, 6, rue du Louvre, à Paris. à Beauchamp (avec râperies). . . . . . Eu.
Société anonyme, avec râperies. Robin, directeur. à Abbeville.

Arrondissement d'Amiens

Crespin et Cie. . . . . . . à Ribémont. . . . . . Corbie.
Delacour, Sézille (C.) et Cie.. . . . . à Fouilloy . . . . . . Corbie.
Galtié-Scart et Cie. . . . à Marcelcave. . . . . Villers-Bretonneux.
Société à responsabilité limitée. . . . . à Poix.

Arrondissement de Doullens

Normand et Cie.. . . . . à Mailly-Maillet. . . . Mailly-de-la-Somme.
Id. . . . . . . à Acheux.
Gibert et Cie.. . . . . . . à Doullens.

Arrondissement de Montdidier

Bertin. . . . . à Roye.
Cranney et Lalanne. . . à Ercheu.
De Marcilly et Cie.. . . . à Ailly-sur-Noye.

Arrondissement de Montdidier (Suite)

DEVIENNE, DURAND et Cie.	à Montdidier.	
DEWATENNE et Cie.. . . .	à La Boissière	Montdidier.
GALTIÉ (Alf.) et Cie. . . .	à Rozières-en-Santerre.	Rozières.
LEROY et Cie.	à Rozières-en-Santerre.	Rozières.
MÉNIER, avec râperies.. .	à Roye.	
MOLLET, COQUIN, NORMAND et Cie.	à Guillaucourt	Villers-Bretonneux.
PERRET (Alfred) et Cie.. .	à Roye.	
De LAUNAY.	à Moyencourt.	Nesles.

Arrondissement de Péronne

ACCAMBRAY et Cie.	à Guizancourt.	Athies.
ARRACHART et Vve LAFEUILLE.	à Ham.	
BAUD (Em.) et Cie..	à Hombleux	Nesles.
BERNOT-TOPIN.	à Ham.	
BOSTENNE et Cie, avec râperies.	à Eppeville.	Ham.
BOURY (A.) et Cie	à Etricourt.	Roizel.
PORET et Cie.	à Bussus.	Péronne.
CARPEZA, LENAIN et Cie.. .	à Hervilly	Roizel.
COQUIN et Cie.	à Cartigny	Estrées-Deniécourt.
DERSU et Cie.	à Epénancourt	Athies.
DEMARQUE, GRUET et Vve CORDELLE	à Bacquencourt. . . .	Nesles.
J. DEQUESNE et Cie	à Mons-en-Chaussée. .	Péronne.
DUPARCQ ET THÉRY. . . .	à Monchy-Lagache. . .	Athies.
D'HERMIGNY et Cie. . . .	à Montauban	Péronne.
DUBAR et Cie.	à Fins	Roizel.
DURIEUX (A.) et Cie. . . .	à Albert.	
DUROIZELLE (J.).	à Moille-Villette. . . .	Ham.
DEQUESNE et Cie.	à Doingt.	Péronne.
DERVAUX et Cie..	à Frégicourt	Péronne.
GOBET, COLLE et Cie . . .	à Miraumont	Albert.
JUVENEL (Irénée) et Cie. .	à Biâches.	Péronne.
LALLOUETTE (A.).	à Nesle.	
LANGOULÊME (F.) et Cie. .	à Neuville-les-Bray . .	Bray-s-Somme.
HORRIE et Cie	à Mesnil-St-Nicaise . .	Nesle.
LECLERCQ et Cie.	à Douilly.	Ham.
LEFEBVRE frères	à Albert.	
LEROY et Cie.	à Hem-Monacu	Combles.
Id.	à Longueval	Péronne.
LETOMBE et Cie.	à Eppeville.	Ham.
LESQUENDIEU frères.. . .	à Licourt.	Nesle.
LEGRU, MAGNIEZ et Cie. .	à Révelon	Fins.
BUSIGNIES et Cie	à Bernes.	Roizel.
MANGIN, CROISILLE et Cie .	à Flers.	Combles.
MAUREL fils, MAUDUIT et Cie	à Mattigny.	Ham.
MAUROY (Ch).	à Mattigny.	Ham.

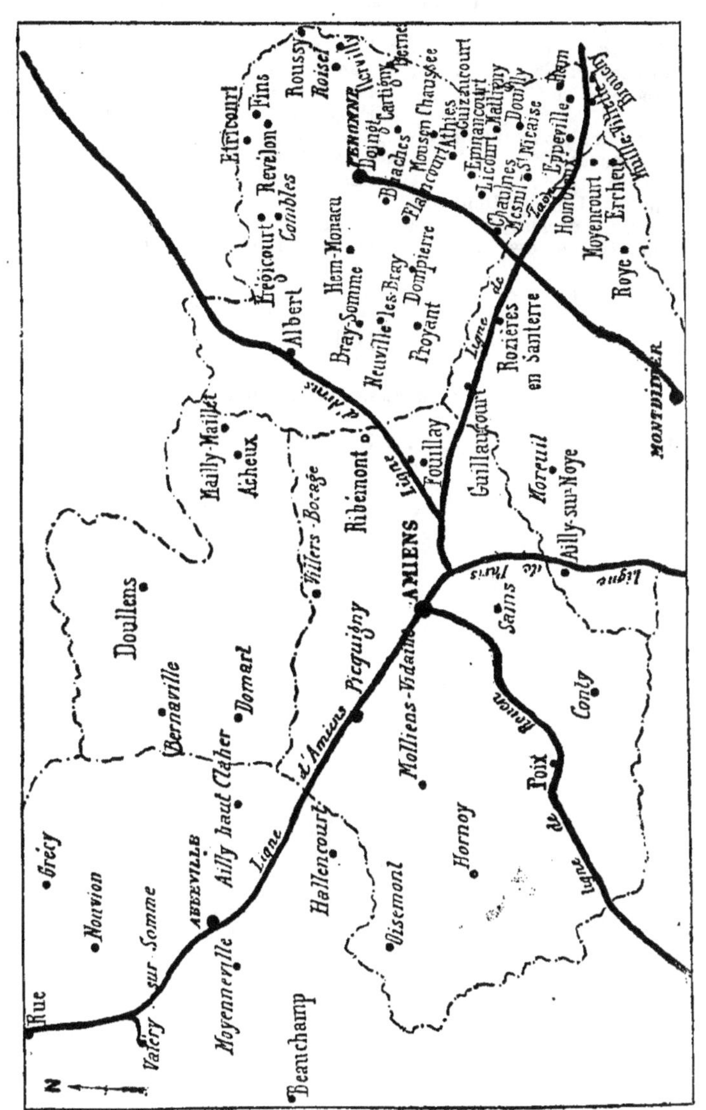
N
Rue
Crécy
Nouvion
sur Somme
Valery
Moyenneville
Beauchamp
ABBEVILLE
Ailly haut Clocher
Ligne d'Amiens
Hallencourt
Oisemont
Hornoy
Bernaville
Domart
Doullens
Picquigny
Molliens-Vidame
AMIENS
Villers Bocage
Acheux
Mailly-Maillet
Ribemont
Albert
Combles
Bray-Somme
Hem-Monacu
Neuville-les-Bray
Dompierre
Proyant
Guillaucourt
Rozières
en Santerre
Moreuil
Ailly-sur-Noye
Sains
Conty
Poix
ligne de Rouen
ligne de Paris
Roisel
Roussy
Fins
Revelon
Moislains
Athies
Chaulnes
Moyencourt
Roye
MONTDIDIER

Arrondissement de Péronne (Suite)

Montagne et Cie.	à Flaucourt.	Péronne.
Morlet et Cie.	à Genermont.	Chaulnes.
Normand et Cie..	à Dompierre	Estrées-Deniécourt,
Id.	à Proyart.	Estrées-Deniécourt.
Prevost, Lempereur et Cie	à Ronsoy.	Roizel.
Saguier et Cie.	à Saint-Denis.	Péronne.
Tassot et Cie..	à Chaulnes.	
Théry (L.) et Duparcq, avec râperies.	à Athies.	
Vion (E.) et Cie.	à Epéhy-Lœuilly . . .	Péronne.

YONNE

Arrondissement de Joigny

E. Thiriar et Cie.. . . . à Brienon-l'Archevêque

RAPERIES

Bisman, Lemer et Monnier	à Mouchin (Nord)	Vannehain.
Bostenne et Cie	à Eppeville (Somme)	Golancourt.
H. Bourlet et Cie	à Pithiviers (Loiret)	Mainvilliers.
Cauvez frère et neveu	à Abscon (Nord)	Aniche.
Compagnie sucrière de la Somme	à Beauchamps (Somme)	Saint-Blimont.
Curie et Cie	à Neuilly-Saint-Front (Aisne)	Breny. Cramaille.
Decroix, Belseur et Cie	à Crépy (Aisne)	Besny.
Dervaux-Ibled	à Wargnies-l-Gd (Nord)	Gommegnies.
J. Desjardin et Cie	à St-Just-en-Chaussée (Oise)	Gannes. Ravenel. Wacquemoulin. Lieuvillers.
Dusanter et Cie	à Seraucourt (Aisne)	Essigny-le-Grand
Legru fils et Cie	à Pierrefonds (Oise)	Morienval.
Coumant, Linard et Cie	à Origny-Sainte-Benoite (Aisne)	Homblières. Fieulaine. Ribémont. Châtillon. Moüy. Itancourt. Courjumelles. Sissy. Vadencourt. Jonqueuse. Surfontaine. Achery.
Legru, Dollot, Moreau et Cie	à Vierzy (Aisne)	Cutry. Cravançon.
Eclancher et Cie	à Saint-Leu-d'Esserent (Oise)	Crouy-en-Thelle. Mesnil-St-Denis.
Gouvion et Cie	à Haussy (Nord)	Romery. Saint-Python. Noyelle-s-Seilles
Lallouette et Cie	à Baron (Oise)	Eve.
Larue et Cie	à Noyant (Aisne)	Villemontoire. Ambrief.
Lefranc et Cie	à Flavy-Martel (Aisne)	Seraucourt-le-Grd. Holnon. Etreillers. Ugny-le-Gay.

RAPERIES (SUITE)

Propriétaire	Sucrerie	Râperies
Legru père, fils et Cie. .	à Mareil-en-France (Seine-et-Oise) . .	Fontenay. Belloy.
Gérard, Niay et Cie . . .	à Vauciennes (Oise). .	Crépy-en-Vallois.
Linard frères.	à Montcornet (Aisne) .	Saint-Aquaire. Montloué.
Linard frères	à St-Germainmont (Ardennes).	Villers-devant-la-Tour.
Linard frères.	à Ecly (Ardennes). . .	Séry.
Menier.	à Roye (Somme). . . .	Mézières. Bouchoir.
Mercier et Cie.	à Bresles (Oise)	Fouquerolles. Abbeville-S.-Lucien.
D'Osmoy et Cie.	à Etrepagny (Eure) . .	Ecouis. Saussaies-la-Vache
Société anonyme des sucreries de la vallée de la Seille.	à Nomeny (Meurthe) .	Nomeny. Arrage.
Société sucrière de Berneuil.	à Berneuil (Aisne). . .	Pony. Montigny-Langrain.
Société anonyme des Sucreries Retheloises. . .	à Vauzelles (Ardennes).	Amagne.
Société anonyme de la sucrerie d'Abbeville. . . .	à Abbeville (Somme) .	Quesnoy. Sartainneville. Hallencourt. Saint-Riquier. Abbeville.
Société anonyme de la sucrerie centrale d'Ardres.	à Pont-sans-Pareil (Pas de-Calais).	Zudausques. Nordausques. Brêmes. Guines. Ardres.
Société sucrière de Busigny	à Busigny (Nord) . . .	Vaux-en-Arrouaise. Honnechy. Clary.
Société anonyme de la sucrerie centrale de Bray-sur-Seine.	à Bray-sur-Seine (Seine-et-Marne).	Trainel. Villuis. Bray. Vimpelles. Preuilly.
Société sucrière de Lizy-sur-Ourcq.	à Lizy-sur-Ourcq (Seine et-Marne).	Tancrou. Plessis-Placy.

RAPERIES (SUITE)

Société	Siège	Râperies
Société anonyme de la fabrique centrale de sucre de Meaux.	à Villenoy-lez-Meaux (Seine-et-Marne). .	Juilly. La Trace. La Jonchère. Silly-le-Long. Chevreville. Brégy. Cissery. Soupplets. Marcilly. Coupvray. Chauconin.
Société anonyme de la Sucrerie centrale de Cambrai.	à Escaudœuvres (Nord)	Rieux. Avesnes-l-Aubert Carnières. Crèvecœur. Honnecourt. Villers-Guislain. Villers-Plouich. Bertincourt. Flesquières. Mœuvres. Fontaine-N.-D. Bourlon. Bantigny. Epinoy. Bullecourt. Beugnies. Demicourt.
Société sucrière des Deux-Sèvres.	à Melle (Deux-Sèvres) .	Celle.
Quéquignon.	à Grugies (Aisne) . . .	Urvillers.
Abel Stiévenart.	à Valenciennes (Nord).	Trith-St-Léger. Vendegies.
Aimé Ternynck.	à Chauny (Aisne) . . .	Abbécourt.
Ternynck.	à Chauny (Aisne) . . .	Marest.
Ternynck.	à Nogent-sous-Coucy (Aisne).	Vézaponin.
Théry et Duparc.	à Monchy-Lagache (Somme)	Cauvigny.
Théry, Lefèvre et C... .	à Montescourt (Aisne).	Clastres.
Viéville, Jadas et C... .	à Pouilly (Aisne) . . .	Dercy.

FABRIQUES-RAFFINERIES

EN ACTIVITÉ OU SUSPENDUES MOMENTANÉMENT

Decrombecque fils.	à Lens.	Pas-de-Calais.
Leloup (J.) fils et Cie. . .	à Arras	»
Lanthiez. (Alex.).	à Baralle	»
Demory.	à Vitry.	Pas-de-Calais.
E. Fiévet et Cie.	à Sin, près Douai. . .	»
Godin (Clovis) et Cie. . .	à Cuincy, près Douai .	Nord.
Picot et Cie.	à Somain.	»
En liquidation.	à Wandignies.	»
Dervaux-Ibled.	à Wargnies-le-Grand .	»
Lemer (A.).	à Bauvain	»
Vve Lesens, Douai et Cie.	à Famars	»
Verley frères.	à Haubourdin.	»
Société anonyme.	à Chalon-sur-Saône . .	Saône-et-Loire.
Id.	à Tournus	»
Id.	à Bourdon par Aulnat.	Puy-de-Dôme.
Id.	à Plagny.	Nevers.

RECAPITULATION

DES

FABRIQUES DE SUCRE FRANÇAISES

DÉPARTEMENTS	NOMBRE DE FABRIQUES	PRODUCTION (EN 1872-73)
—	—	—
Aisne	90	85.000.000
Nord	191	113.000.000
Pas-de-Calais	182	67.000.000
Somme	66	50.000.000
Oise	39	35.000.000
Ardennes	13	
Aube	1	
Cher	1	
Côte-d'Or	4	
Eure	4	
Haute-Marne	1	
Haute-Saône	3	
Indre-et-Loire	1	
Isère	1	50.000.000
Marne	6	
Meurthe	2	
Meuse	1	
Nièvre	1	
Puy-de-Dôme	5	
Saône-et-Loire	4	
Seine-Inférieure	1	
Seine-et-Marne	11	
Seine-et-Oise	8	
Deux-Sèvres	1	
Loiret	1	
Eure-et-Loir	1	
Yonne	1	
	560	400.000.000

RAPERIES	117
FABRIQUES AVEC RAPERIES	45

RAFFINERIES

Constant Say.	123, boulevard de la Gare.	Seine.
Lebaudy frères.	23, rue de Flandre, Villette.	»
Sommier (A.) et Cie. . . .	145, id.	»
Sarrebourse d'Audeville et Cie.	86, route de Flandres, Pantin.	»
Georges Halphen (ex-raffinerie parisienne	27, rue Riquet, Villette.	»
Jeanti et Prevost. . . .	33, rue Tanger. . . .	»
Guillon (A.) et fils. . . .	68, Quai de la Râpée..	»
Régis Bouvet frères, raffineurs de mélasse. . . .	168, avenue de Choisy..	»
Daubrebis, Boyer et Cie, raffineurs de mélasse. .	Rue du Vivier, à Aubervillers.	»
Gallet, Giboux et François, raffin. de mélasse.	Rue de l'Argonne, 10, Villette.	»
Etienne (Emile).	à Nantes.	Loire-Inférieure.
Massion-Rozier et Cie. . .	»	»
Raffineries Nantaises (Labrosse frères, directeurs	»	»
Boissel et Bernard. . .	»	»
Cossé-Duval (raffinerie de candi).	»	»
Glatigny jeune (Eugène), Bourcart et Cie. . . .	»	»
Lasnier et Larrey. . . .	»	»
Ladmirault et Cie (raffinerie de mélasse).	à Chantenay-s.-Loire..	»
Société anonyme (L. Baudouin, administrateur directeur	à Marseille.	Bouch.-d.-Rhône
Raffineries de la Méditerranée ; Massot et fils, administrateurs délégués..	»	»
Raffinerie de Saint-Louis ; H. Cassard, directeur..	»	»
Acher (A.) et Cie.	au Havre.	Seine-Inférieure.
Clerc-Urbain et Cie.. . .	»	»
Haentjens et Cie, en liquidation.	»	»
Jules de Boursetty et Cie.	à Honfleur.	Calvados.

ABBIBAT frères.	à Bordeaux.	Gironde.
BOUTIN (A.).	»	»
DAVID (F.) jeune	»	»
A. GARNIER et TURQUAIS. .	»	»
JOANNE (L.-H.) et Cie. . .	»	»
C. GIROUD, H. GUÉRITAULT et Cie.	à Douai.	Nord.
BERNARD frères.	à Lille.	»
MOURMAND VAN-DOUGHEM.	»	»
VERLEY frères.	»	»
CARLIER, MATHIEU et Cie .	à Lourches.	»
BUTTEAUX (candi).	à Pont-à-Marcq. . . .	»
MACAREZ (Henri).	à Denain.	»
SCHOUPP et HUMBERT, raffineurs de mélasse. . . .	à Epinal.	Vosges.

II

LISTE

PAR ORDRE ALPHABÉTIQUE

des noms de fabricants

A

Accambray et Cie.	à	Guizancourt.	Somme.
Alglave et Cie.	à	Quarouble	Nord.
André et Cie.	à	Aulnois	Aisne.
Arrachart et Vve Lafeuille	à	Ham.	Somme.
Aubineau (J. et H.). . . .	à	Ciry-Salsogne. . . .	Aisne.

B

Bachoux et Cie.	à	Francières	Oise.
Baillencourt (de). . . .	à	Hérin	Nord.
Baillet frères.	à	Denain.	Nord.
Bas, Charlier, Painvin et Cie.	à	Villers-les-Guise . .	Aisne.
Baucq	à	Marchiennes, F. V. .	Nord.
Baud (Em.) et Cie	à	Hombleux	Somme.
Baudoin, Prudhomme et Cie.	à	Nouvion-le-Comte. .	Aisne.
Baudoin, Prudhomme, Archery frères et Cie. . .	à	Catillon	Aisne.
Baudry (J.) fils et Cie. .	à	Croisilles.	Pas-de-Calais.
Bazin et Cie.	à	Clermont-les-Ferm. .	Aisne.
Bazin direc. (Société anonyme)	à	Missy-le-Pierrepont.	Aisne.
Bazin frères, Létrilliart et Cie.	à	Chambry.	Aisne.
Bazin, Vuafluart et Cie .	à	Faucouzy (Monceau-le-Neuf)	Aisne.
Beaurin (Vve) et de Beaumini	à	Margny	Oise.
Beauvoix, Bouxin	à	La Pugnoy	Pas-de-Calais.
Béghin (F.).	à	Thumeries	Nord.
Belin.	à	St-Martin-au-Laërt. .	Pas-de-Calais.
Bernard et Cie.	à	Taisnières-sur-Hon .	Nord.
Bernard neveu	à	Santes.	Nord.
Bernot-Topin.	à	Ham.	Somme.
Bertin	à	Roye.	Somme.
Billet (Alfred)	à	Cantin	Nord.
Blanchart et Mont . . .	à	Labiette	Aisne.
Blondel et Cie.	à	Neuville-Vitasse. . .	Pas-de-Calais.
Bocquillon (J.-B.) et Cie.	à	Chéhéry	Ardennes.
Bonte et fils.	à	Cantin.	Nord.
Bonzel	à	Haubourdin.	Nord.

BOSTENNE et Cie, avec râperies.	à Eppeville.	Somme.
BOTTI.	à Forenville	Nord.
BOUCHARD-VIBAUT et Cie. .	à Lecelles	Nord.
BOUCHÉ et Cie.	à Ravenel	Oise.
BOUCHEREAUX, GOVIGNON et Cie.	à Le Chesne	Ardennes.
BOUCHEZ (P.)	à Wasnes-au-Bac . . .	Nord.
BOUDON (Georges) et Cie. .	à Antilly.	Oise.
BOULONGNE et Cie	à Marchiennes	Nord.
BOUREZ (F.) et Cie. . . .	à Béville-le-Comte. . .	Eure-et-Loir.
BOURGOIS (V.) et HUBERT.	à Bourecq	Pas-de-Calais.
BOURLET (H.) et Cie, avec râperie	à Pithiviers	Loiret.
BOURY (A.) et Cie	à Etricourt.	Somme.
BRABANT frères.	à Onnaing	Nord.
BRACQ (A.) et Cie.	à Vandregies-Ecaillon.	Nord.
BRAME	à Marquillies.	Nord.
BRIDE et TÉTREL.	à Attichy.	Oise.
BRIFFAUT et Cie	à Anzin	Nord.
BRIQUET (Victor).	à Saint-Lazare	Aisne.
BRUNEHANT (L.)	à Pommiers.	Aisne.
BULTEAU-FASCIAUX	à Rumegies	Nord.
BUSIGNIES.	à Villers-Pol.	Nord.
BUSIGNIES et Cie	à Bernes.	Somme.
BUTIN.	à Houbourdin.	Nord.

C

CABAU.	à Courrières	Pas-de-Calais.
CACHEUX, GILLARD, LEFEBVRE ET Cie.	à Quesnoy	Nord.
CALONNE (L.) et Cie. . . .	à Verquin	Pas-de-Calais.
Vve CAMBIER et Vve BRUNELLE.	à Pont-à-Wendin . . .	Pas-de-Calais.
CAMBIER.	à Lambres	Nord.
CAMBRONNE (E.)	à St-Martin-au-Laërt. .	Pas-de-Calais.
CAMICHEL et Cie	à Saint-Clair-de-la-Tour-du-Pin.	Isère.
CANDELIEZ.	à Graincourt	Pas-de-Calais.
CARANDAS frères	à Morienval	Oise.
CARDON et Cie	à Neuville-sur-Escaut.	Nord.
CARETTE père	à Auffrique.	Aisne.
CARON (A.) et Cie.	à Vis-en-Artois. . . .	Pas-de-Calais.
CARON (E.), DAMIEN et Cie.	à Guémappe	Pas-de-Calais.
CARPENTIER (Ferd.). . . .	à Fenain.	Nord.
CARPENTIER SŒUR et Cie. .	à Maresches	Nord.
CARPEZA, LENAIN et Cie. .	à Hervilly	Somme.
CARTIER (E.) et Cie. . . .	à Nassandres.	Eure.
CARTIGNY frères	à Hornaing.	Nord.

Catrice (Henri) et Cie. . . à Lauwin-Planque . . Nord.
Caudron et Cie. . . . . . à Marteville . . . . Aisne.
Caullet (C.-C.). . . . . à Haspres . . . . . . Nord.
Cauvez et Cie. . . . . . à Epernay . . . . . . Marne.
Cauvez, Vve Wargny, Vve
Bocquillon et Cie. . . à Fresnes . . . . . . Nord.
Champon (E.) et Cie. . . à Blangy-les-Arras . . Pas-de-Calais.
Charbonneau . . . . . . à Tournus . . . . . . Saône-et-Loire.
Charlier, Painvin, Bas
et Cie. à Flavigny-le-Petit . . Aisne.
Cheylus (E.) et Cie. . . à Méru . . . . Oise.
Clerc-Urbain et Cie. . . à Frais-Marais . . . . Nord.
Clerc-Urbain et Cie. . . à Roost-Warandin . . Nord.
Clovis, Dujardin et Cie. . à Agnez-les-Duisans. . Pas-de-Calais.
Clovis, Godin et Cie. . . à Cuincy. . . . . . . Nord.
Coeuilte (E.) et Cie. . . à Bailleul-Sire-Berthoult . . . Pas-de-Calais.
Coget et Delcroix. . . . à Phalempin . . . . . Nord.
Colin et Cie. . . . . . . à Flines-les-Mortagne. Nord.
Collette (H.). . . . . . à Allenne-les-Marais. . Nord.
Collette-Vallois . . . . à Séclin . . . . Nord.
Colmant (H.) et Cie. . . à Saint-Waast . . . Nord.
Coponet et Cie. . . . . . à Ressons-sur-Matz . . Oise.
Coquin et Cie. . . . . . à Cartigny . . . . . . Somme.
Coquin, Dermigny, Galant
et Cie. . . . . à Hargicourt. . . . . Aisne.
Corbin (H.) et Cie. . . . à Lizy-sur-Ourcq . . . Seine-et-Marne.
Corbin (P.) et Cie. . . . à Ws-Marines . . . . Seine-et-Oise.
Corbin (P.) et Cie. . . . à Magny. . . . . . . Seine-et-Oise.
Corblet et Cie. . . . . . à Rue . . . . Somme.
Corblet et Cie. . . . . . à Verton. . . . . . . Pas-de-Calais.
Coupé et Cie. . . . . . . à Férin . . . . Nord.
Couplet (D.) . . . . . . à Marchiennes, F. V. Nord.
Coursier, Passet et Cie. . à Banteux . . . . . . Nord.
Courtin et Cie. . . . . . à Pont-Rouge . . . . Aisne.
Courtin et Cie. . . . . . à Vaurains. . . . . . Aisne.
Cousin (C.) et Cie. . . . à Vieux-Condé . . . . Nord.
Couvion-Deroy . . . . . à Denain. . . . . . . Nord.
Cranney et Lalanne. . . à Ercheu. . . . . . Somme.
Crépin . . . . à Saulty . . . . Pas-de-Calais.
Crespel (Léon) et Cie. . . à Quesnoy-sur-Deule. . Nord.
Crespin et Cie. . . . . . à Ribémont . . . . . Somme.
Crudenairé (A.) et Cie. . à Néry. . . . . Oise.
Curie (P.-J.) et Cie, avec
râperies. . . . . à Neuilly-Saint-Front . Aisne,
Cuvellier et Cie. . . . . à Duisans . . . . . . Pas-de-Calais.
Cuvellier et Cie. . . . . à Lambres . . . . . . Nord.

D

Dabancourt et Cie. . . . à Avesne-Saint-Simon. Aisne.
Danel (Louis). . . . . . à Salomé. . . . . . . Nord.

Daniel et Cie.	à Froyères.	Oise.
Dantu-Dambricourt . . .	à Steene.	Nord.
Dassonville, Chuffart et Cie.	à Maresches	Nord.
Dassonville-Guyot. . . .	à Préseau	Nord.
Debailleul et Cie. . . .	à Mareuil	Pas-de-Calais.
Debusne	à Saint-Hilaire-Cottes.	Pas-de-Calais.
Decaux et Cie.	à Neuvilly	Nord.
Decroix, Belseur et Cie, avec râperies.	à Crépy-sous-Laon. . .	Aisne.
Decroix et Jadas.	à Quessy.	Aisne.
Decroix, Vitart et Cie. .	Aux Puisards.	Aisne.
Decrombecque fils. . . .	à Lens.	Pas-de-Calais.
Defernez et Cie.	à Hergnies.	Nord.
Defontaine père, fils et Cie.	à Cherizy.	Pas-de-Calais.
Degrave	à Moulle.	Pas-de-Calais.
Delaby frères et Cie. . .	à Courcelles-lez-Lens .	Pas-de-Calais.
Delacour, Sézille (C.) et Cie.	à Fouilloy	Somme.
Delarue aîné et Cie. . . .	à Buchoir	Oise.
Delaunay fils et Cie. . . .	à Hénin-Liétard . . .	Pas-de-Calais.
Delclève et Cie	à Râches.	Nord.
Delecour (Ch.).	à Boisleux.	Pas-de-Calais.
Delerue (Em.) et Cie. . .	à Raismes.	Nord.
Delerue (Em.) et Cie. . .	à Wallers	Nord.
Deligne.	à Carvin.	Pas-de-Calais.
Deligne et Cambier. . .	à Pont-à-Wendin . . .	Pas-de-Calais.
Delinsel (Vve)	à Onnaing	Nord.
Delisse (Gustave)	à Béthune	Pas-de-Calais.
Dellisse-Engrand. . . .	à Annay.	Pas-de-Calais.
Delloye-Lanthiez et Cie.	à Avesnes-le-Sec . . .	Nord.
Delloye-Lelièvre	à Iwuy	Nord.
Delmotte (J.) et Cie. . .	à Inchy-Beaumont . .	Nord.
Demarque, Gruet et Vve Cordelle.	à Bacquencourt. . . .	Somme.
Démazières (Vve).	à Séclin.	Nord.
Demiautte.	à Saint-Léger	Pas-de-Calais.
Demory.	à Vitry	Pas-de-Calais.
Denis et Cie.	à Pont-Levêque. . . .	Oise.
Denoyon et Cie.	à Blérencourt	Aisne.
Dequesne et Cie.	à Doingt.	Somme.
Dequesne (J.) et Cie. . .	à Mons-en-Chaussée. .	Somme.
Dequesne père et Cie. . .	à Auvillers-les-Forges.	Ardennes
Deregnaucourt, Larguillière et Cie.	à Savy-Berlette. . . .	Pas-de-Calais.
Dermenghem et Cie. . . .	à Lillers.	Pas-de-Calais.
Dérousseaux et Cie. . . .	à Mazingarde.	Pas-de-Calais.
Dersu et Cie.	à Epénancourt	Somme.
Dervaux et Cie.	à Frégicourt	Somme.
Dervaux-Ibled, avec râperies.	à Wargnies-le-Grand .	Nord.
Desjardins et Cie, avec râperies.	à Saint-Just	Oise.

Desjardin. André et Cie. à Dizy-le-Gros . . . . Aisne.
Deslinselle (Aimé). . . . à Wavrechain-sur-Denain. . . Nord.
Deslinselle (Crépin). . . à Denain. . . . . . . Nord.
Desmarest, Delahaye et Cie . . . . à Coudun. . . . . . . Oise.
Desmoutiers. . . . . à Faumont. . . . . . Nord.
Desmoutiers (Ern.) . . . à Mérignies . . . . . Nord.
Desprez, Cauvez et Cie, avec râperies . . . . à Abscon. . . . . . . Nord.
Desvignes et Cie. . . . . à Raillencourt . . . . Nord.
Deswatenne, Lefèvre et Cie . . . . à Wult. . . . . Nord.
Devaux (A.). . . . . . . à Saleux. . . . . . . Pas-de-Calais.
Devêque et Cie. . . . . . à Ponthierry . . . . . Seine-et-Marne.
Devienne, Durand et Cie. à Montdidier. . . . . Somme.
Dewatenne et Cie . . . . à la Boissière. . . . . Somme.
Dewez (E.) et Cie. . . . . à Nangis. . . . . . . Seine-et-Marne.
Doffenies (H.) et Cie. . . à Raismes . . . . . . Nord.
Doisy (Alfred) et Cie. . . à Vitry. . . . . Pas-de-Calais.
Doisy (V.) et Cie. . . . . à Catillon-sur-Sambre . Nord.
Domengie et Cie. . . . . à Berlaimont. . . . . Nord.
Domengie (E.) et Cie. . . à Pontru. . . . . . . Aisne.
Dorchies, Hautcoeur, Dassonville et Cie. . . . . à Anzin . . . . Nord.
Douay frères. . . . . . . à Ghissignies. . . . . Nord.
Douay (D.) A. Gayez et Cie. à Neuvilly . . . . . . Nord.
Dorville père et fils. . . à Chauny (Ognes). . . Aisne.
Drion-Deslinselle. . . . à Onnaing . . . . . . Nord.
Droulers (Louis). . . . . à Ascq. . . . . Nord.
Druelle, Payart, Cocquebert et Cie. . . . . à Courcelles . . . . . Aisne.
Dubar et Cie. . . . . . . à Fins. . . . . Somme.
Dubois (Antoine). . . . . à Ecluse (l') . . . . . Nord.
Dubois (Ed.) et Cie. . . . à Boiry-Ste-Rictrude. . Pas-de-Calais.
Dufay et Cie. . . . . . . à Chevry-Cossigny. . . Seine-et-Marne.
Dufié frères. . . . . . . à Braisne . . . . . . Aisne.
Dufour et Cie. . . . . . à Annay . . . . Pas-de-Calais.
Dujardin (Ed.) et Cie. . . à Boyelles . . . . . . Pas-de-Calais.
Dujardin frères et Cie. . . à Fampoux. . . . . . Pas-de-Calais.
Dujardin frères . . . . . à Séclin . . . . Nord.
Dujardin (A.) et Cie. . . à Masnières . . . . . Nord.
Dujardins (A.) et Cie. . . à Ecluse (l') . . . . . Nord.
Dujardins (A.) fils et Cie. à Monchecourt . . . . Nord.
Dumon (Paul) . . . . . . à Calonne-Ricouart . . Pas-de-Calais.
Duparcq et Théry. . . . . à Monchy-Lagache . . Somme.
Dupire . . . . à Carvin. . . . . . . Pas-de-Calais.
Duponchelle et Cie. . . . à Orchies. . . . . . . Nord.
Durieux (A.) et Cie. . . . à Albert . . . . Somme.
Duriez et Cie. . . . . . . à Wavignies . . . . . Oise.
Duriez et Droullers. . . . à Coppenansfort. . . . Nord.
Durin (Ed.) et Cie. . . . à Cappelle . . . . . . Nord.
Duroizelle (J.) . . . . . à Muille-Villette. . . . Somme.
Dusanter et Cie. . . . . . à Séraucourt. . . . . . Aisne.

DUTEMPLE.	à Valenciennes	Nord.
DUTERTRE.	à Carvin	Pas-de-Calais.

E

ECLANCHER et Cie, avec râperies	à St-Leu-d'Esserent . .	Oise.
ENGRAND et Cie.	à Lières	Pas-de-Calais.

F

FAUGÈRES (V.) et Cie. . .	à Frignicourt.	Marne.
FIÉVET frères	à Masny.	Nord.
FIÉVET (E.) et Cie. . . .	à Sin	Nord.
FINEZ (F.) et Cie.	à Beuvry.	Nord.
FONTAINE (J. et A.) et Cie.	à Neuville-St-Remy . .	Nord.
FONTAINE, ANDRÉ, BAZIN frères et Cie.	à Fismes.	Marne.
FONTAINE et BERNARD. . .	à Aubenchol-au-Bac. .	Nord.
FOUQUET (Ch.).	à Sinceny	Aisne.
FOUQUIER D'HÉROUEL. . .	à Forest	Aisne.
FRÈRE et Cie.	à Attigny	Ardennes.
FRÈRE et Cie.	à Vouziers	Ardennes.
FRÉVILLE (L.), fils et Cie.	à Onnaing	Nord.
FRÉVILLE (C.) et Cie. . .	à Château-Neuf. . . .	Somme.
FRUCHART (F.) et Cie. . .	à Avion	Pas-de-Calais.
FRUCHART (F.) et Cie. . .	à Roeux	Pas-de-Calais.

G

GABET.	à Jerchy	Nord.
GALANT et LETAC.	à Cerny-en-Laonnois. .	Aisne.
GALLIÉ (Alf.) et Cie. . . .	à Rozières-en-Santerre.	Somme.
GALLIÉ-SCART et Cie. . . .	à Marcelcave	Somme.
GAMOT-DECROMBECQUE . .	à Gosnay.	Pas-de-Calais.
GAUTIER-PEUGNET.	à Masnières	Nord.
GENTILLEZ et Cie.	à Marle	Aisne.
GEORGES et Cie.	à Vendhuile	Aisne.
GÉRARD, NIAY et Cie, avec râperie	à Vauciennes.	Oise.
GIBERT et Cie.	à Doullens	Somme.
GILBERT, VUAFLART, E. LEMAIRE et Cie.	à Chavenay-Grignon. .	Seine-et-Oise.

Gillet (L.), Maricaux et Cie	à Haumont	Nord
Giraud et Cie	à Crespin	Nord.
Giraud-Cuvelier	à Briquette (la)	Nord.
Giraud d'Haussy	à Briquette (la)	Nord.
Giroud (Gust.) et Cie	à Prémont	Aisne.
Gobet, Colle et Cie	à Miraumont	Somme.
Godefroy et Trannin	à Ecourt-St-Quentin	Pas-de-Calais.
Godin, Dubruille et Cie	à La Bassée	Nord.
Goffart	à Montay	Nord.
Gondrexon (Louis) Brunswick et Cie	à Comines	Nord.
Gosselin et Cartigny fr., en liquidation	à Escaudain	Nord.
Goumant	à Fismes	Marne.
Goumant, Linard et Cie, avec râperies	à Origny-Ste-Benoite	Aisne.
Gouvion (A.) et Cie	à Haussy	Nord.
Gouvion (A.) et Cie, avec râperies	à Saulzoir	Nord.
Guilbert et Cie	à Eth	Nord.
Guyot et Cie	à Fresnes	Nord.
Grard et Cie	à Provin	Nord.
Grard (H.), César Dujardin et Cie	à Wailly	Pas-de-Calais.
Gronnier (A.)	à Pont-sur-Saulx	Meuse.
Gruyelle-Marchand	à Hénin-Liétard	Pas-de-Calais.
Gruyelle-Rogier	à Flines	Nord.

H

Hainaut (Gontran d') et Cie	à Beaumont	Pas-de-Calais.
Hallette	à Esne	Nord.
Hallette (Eug.) et Cie	à Caudry (fabr., gare)	Nord.
Hallette (J.) et Cie	à Petit-Caudry	Nord.
Hamoir (G.) et frères	à Saultain	Nord.
Hannicotte	à Béthune	Pas-de-Calais.
Hannicotte (Auguste)	à Saint-Nazaire	Pas-de-Calais.
Hanon (Ch.)	à Noeux	Pas-de-Calais.
Harry et Cie	à Doignies	Nord.
Haussy (d') (J.-B.)	à Artres	Nord.
Havrincourt (marquis d')	à Havrincourt	Pas-de-Calais.
Hénin (d')	à Salomé	Nord.
Hennebelle frères	à La Fosse	Nord.
Henneton et Cie	à Flines-lès-Mortagne	Nord.
Hennocq et Cie	à Brillon	Nord.
Herbert et Cie	à St-Waast-lez-Bavay	Nord.
Herbert, Vénet et Cie	à Fresnoy-le-Grand	Aisne.

Hermigny (d') et Cie. . . à Montauban. . . . . Somme.
Heyring et Cie. . . . . . . à Berry-au-Bac. . . . Aisne.
Honoré (F.) et Cie. . . à Pecquencourt. . . . Nord.
Horrie et Cie. . . . . . . à Mesnil-Saint-Nicaise. Somme.
Houel et ses fils. . . . . à Vadencourt-Boheries. Aisne.
Hourriez, Gosselin et Cie. à Curgies . . . . . . Nord.
Houvenaghel . . . . à Salomé. . . . . . . Nord.
Hunel (T.) et Cie. . . . . . à Estreux . . . . Nord.

I

Iwens et Cie. . . . . à Bihucourt . . . . . Pas-de-Calais.

J

Jacquemarcq et Cie. . . . à Saint-Saulve . . . . Nord.
Jacquemart et Delamotte. à Liez . . . . Aisne.
Jeronnez, Rigault et Cie. à Douchy. . . . . . . Nord.
Juvenel (Irénée) et Cie. . à Biâches . . . . . . Somme.

L

Labarre (A.). . . . . à Crisolles . . . . . . Oise.
Labarre et Cie. . . . . . . à Noyon . . . . Oise.
Labarre, Dujardin et Cie. à Autrêches . . . . . Oise.
Labarre, Dujardin et Cie. à Nampcel. . . . . . Oise.
Labruyère et Cie. . . . . à Haussu-Amy . . . . Oise.
Larue (H.) avec râperies. à Noyant. . . . . . . Aisne.
Lafoscade. . . . . à Houlle. . . . . Pas-de-Calais.
Lalande jeune et Cie. . . à Neuville-Roy . . . . Oise.
Lallemand et Cie. . . . . à Frasnoy . . . . Nord.
Lallouette (Frédéric), avec
râperies. . . . . à Barbery . . . . . . Oise.
Lallouette (Frédéric). . à Beaurain. . . . . . Oise.
Lallouette (Frédéric). . à Baron . . . . Oise.
Lallouette (A.). . . . . . à Nesles. . . . . Somme.
Lambelin . . . . à Monchecourt . . . . Nord.
Lamblin frères. . . . . . à Bondues . . . . . . Nord.
Langoulème (F.) et Cie . . à Neuville-les-Bray . . Somme.
Lanthiez (A.) et Cie. . . . à Barale . . . . Pas-de-Calais.
Lanwin frères. . . . . . . à Fressin. . . . . . . Nord.
Launay (de). . . . . à Moyencourt. . . . . Somme.
Laurent (J.-B.) et Cie. . . à Bohain. . . . . . . Aisne.
Lebas et Cie. . . . . à Clastres . . . . . . Aisne.

LECLERCQ	à Rouvroy	Pas-de-Calais.
LECLERCQ et Cie.	à Douilly.	Somme.
LECOCQ et CRÉPEAU . . .	à Douvrin	Pas-de-Calais.
LECOUFFE (Eugène). . . .	à Ramecourt	Pas-de-Calais.
LECUS et Cie.	à Guiscard	Oise.
LEDUC-JACQUEMARCQ . . .	à Artres	Nord.
LEFEBVRE frères	à Albert	Somme.
LEFÈVRE.	à Hennetières-s-Weppe	Nord.
LEVÈVRE (A.).	à Mons-en-Pévèle. . .	Nord.
LEFORT et DUMONT. . . .	à Bauvin.	Nord.
LEFRANC (A.) et Cie, avec râperies.	à Flavy-le-Martel . . .	Aisne.
LEFRANC (Ad.) et Cie. . . .	à Tracy-le-Val	Oise.
LEGENTIL et Cie.	à Neuvireuil	Pas-de-Calais.
LEGENTIL, TRANNIN et Cie.	à Quéant.	Pas-de-Calais.
LEGRAND (Ad.).	à Tilques.	Pas-de-Calais.
LEGRAS, MIDELET et Cie. .	à Vaux-sous-Laon. . .	Aisne.
LEGRU (B.) et Cie.	à Paray-Douaville. . .	Seine-et-Oise.
LEGRU, DOLLOT, MOREAU et Cie.	à Vierzy	Aisne.
LEGRU fils et Cie, avec râperies.	à Pierrefonds.	Oise.
LEGRU père, fils et Cie, avec râperies.	à Mareil-en-France . .	Seine-et-Oise.
LEGRU, MAGNIEZ et Cie. .	à Révelon	Somme.
LELONG (A.) et Cie. . . .	à Chauny.	Aisne.
LELOUP (J.) fils et Cie. . .	à Arras	Pas-de-Calais.
LEMAIRE.	à Bauvin.	Nord.
LEMAIRE et Cie.	à Lesdins	Aisne.
LEMER (L.) et Cie.	à Bruille-Saint-Amand.	Nord.
LEMER-TALMONT	à Thumelard-St-Amand	Nord.
LEMMENS et Cie.	à Dozy.	Ardennes.
LEMOINE et Cie.	à Seraincourt.	Ardennes.
LEMOINE et THÉRY. . . .	à Trosly-Loire	Aisne.
LENGLIN.	à Douvrin	Pas-de-Calais.
LEQUIEN (C.)	à Carvin	Pas-de-Calais.
LEROY et Cie.	à Hem-Monacu. . . .	Somme.
LEROY et Cie.	à Longueval	Somme.
LEROY et Cie.	à Rozières-en-Santerre.	Somme.
LEROY et BEGHIN.	à Douvrin	Pas-de-Calais.
LESAFFRE et BONDUELLE. .	à Marquette	Nord.
LESAGE (A.) et Cie. . . .	à Flines	Nord.
LESQUENDIEU frères. . . .	à Licourt.	Somme.
LESSENS (Aug.), représenté par M. SARAZIN	à Annappes.	Nord.
LESSENS (Vve)-DOUAY. . .	à Famars.	Nord.
LETOMBE et Cie.	à Eppeville.	Somme.
LINARD (J.)	à Aufray.	Seine-Inférieure.
LINARD et Cie.	à Nogent-sur-Seine . .	Aube.
LINARD frères	à Ecly.	
LINARD frères, avec râperies	à St-Germain-Mont . .	
LINARD frères et Cie, avec râperie	à Montcornet.	Aisne.

LIQUIDATION (en).	à Auby.	Nord.
LIQUIDATION (en).	à Aulnoy.	Nord.
LIQUIDATION (en).	à Beaujeux.	Haute-Saône.
LIQUIDATION (en).	à Boistrancourt. . . .	Nord.
LIQUIDATION (en).	à Corbehem.	Pas-de-Calais.
LIQUIDATION (en).	à Liévain.	Pas-de-Calais.
LIQUIDATION (en). . . .	à Mouchin	Nord.
LIQUIDATION (en).	à Nivelles	Nord.
LIQUIDATION (en).	à Orchies.	Nord.
LIQUIDATION (en).	à Rosult	Nord.
LIQUIDATION (en).	à Trith-Saint-Léger . .	Nord.
LIQUIDATION (en).	à Wandignies-Hamage.	Nord.
LOCOGE (E.) et Cie. . . .	à Dury.	Pas-de-Calais.
LUBREZ, CATHELAIN et Cie.	à Sec-Marais	Nord.
LUSSIGNY (J.) et Cie. . .	à Vervins.	Aisne.
LUCY	à Ribécourt.	Oise.

M

MABILLE et FAUVILLE. . .	à Boucheneuil	Nord.
MACAREZ (Henri).	à Denain.	Nord.
MACAREZ (frères).	à Capelle-sur-Ecaillon.	Nord.
MAHIEU et CANDELIEZ. . .	à Coudekerque	Nord.
MAIRESSE (V.) et VANACKÈRE (P.).	à Cauroir.	Nord.
MANGIN, CROISILLE et Cie.	à Flers.	Somme.
MANUEL (Ch.) et Cie. . .	à Brazey-en-Plaine . .	Somme.
MARCILLY (de) et Cie. . .	à Ailly-sur-Noye. . .	Côte-d'Or.
MARIAGE (J.-B.) et Cie . .	à Thiant.	Nord.
MARIOLLE, LETAC, VUAFLART et Cie.	à Toulis	Aisne.
MARONIEZ, DOVILLERS, G. BAUCQ et Cie	à Montigny.	Nord.
MARTINE frères et Cie. . .	à Villers-St-Christophe.	Aisne.
MASSIGNON et DUFOUR . .	à Crévecœur-le-Grand.	Oise.
MAUREL fils, MAUDUIT et Cie	à Mattigny	Somme.
MAURICE.	à St-Waast-la-Haut . .	Nord.
MAUROY (Ch.)	à Mattigny.	Somme.
MÉNARD et Cie.	à Solesmes.	Nord.
MÉNIER, avec râperies. . .	à Royes	Somme.
MENTION, RODOLPHE, QUAREZ et Cie.	à Marconnelle	Pas-de-Calais.
MENU frères.	à Carvin.	Pas-de-Calais.
MERCIER et Cie.	à Bresles.	Oise.
MEUNIER et Cie.	à Autremencourt . . .	Aisne.
MALMAZET (J.) et Cie. . .	à Montereau	Seine-et-Marne.
MICHAUX, VAILLE et Cie. .	à Englefontaine. . . .	Nord.
MILCAMPS et Cie	à Bruille-Saint-Amand.	Nord.
MILLE et Cie.	à Quernes	Pas-de-Calais.

MILLON et Cie	à Mitry	Seine-et-Marne.
MIROUX (A.) et Cie. . . .	à Anvin	Pas-de-Calais.
MIROUX (Art.) et Cie. . .	à Bruay	Nord.
MIROUX, MENTION et Cie .	à Tergnier	Aisne.
MOCQ frères et LANDRIEUX	à Aulchain	Nord.
MOIGNET, LARUE et Cie. .	aux Andelys	Eure.
MOLLET, COQUIN, NORMAND et Cie.	à Guillaucourt	Somme.
MONNARD, ALGLAVÉ et Cie.	à Onnaing	Nord.
MONTAGNE et Cie.	à Flaucourt.	Somme.
MONTFOURNY-ANCELIN. . .	à Dallon.	Aisne.
MORELLE frère et sœur. .	à Haspres	Nord.
MORIZE (H.).	à Vis-en-Artois. . . .	Pas-de-Calais.
MORIZE et Cie.	à Fosseux	Pas-de-Calais.
MORLET et Cie.	à Genermont	Somme.
MOTTE (E.) et L. BEAUCHAMPS	à Gevigny	Haute-Saône.
MOT (de) frères et Cie . .	à Arleux-du-Nord . . .	Nord.
MOTTEZ et Cie.	à Saint-Amand	Nord.
MUNAULT et Cie	à Provins	Seine-et-Marne.
MUSY et Cie.	à Marquette	Nord.
MUSY et Cie.	à Somain.	Nord.

N

NAMUROY (Alexandre). . .	à Montécouvé.	Aisne.
NIAY père et fils, H. ROUSSEAU, MILLOT et Cie . .	à Senercy.	Aisne.
NORMAND et Cie	à Acheux.	Somme.
NORMAND et Cie	à Dompierre	Somme.
NORMAND et Cie	à Mailly-Maillet. . . .	Somme.
NORMAND et Cie	à Proyart	Somme.

O

ODENT-QUEY.	à Noyon	Oise.
OGER et Cie.	à Bertaucourt-Epour. .	Aisne.
OSMOY (d') et Cie, avec râperies.	à Etrepagny	Eure.
OSMOY (d') et Cie.	à Fontenay.	Eure.
OUTREBON (C. et A.) . . .	à Béthune	Pas-de-Calais.

P

PAINVIN, CHARLIER et Cie.	à Vailly	Aisne.
PAJOT (TH.) et Cie	à Oisy	Aisne.

Palyart et Cie.	à	Waulx-Vraucourt . .	Pas-de-Calais.
Pamart (J.) et Cie	à	Gouy-s.-Bellonne . .	Pas-de-Calais.
Parsy frères.	à	Annoeulin	Nord.
Perret (Alfred) et Cie . .	à	Royes	Somme.
Petit (René)	à	Vellexon	Haute-Saône.
Pierart, Jéronnez, Fau-ville et Cie.	à	Saint-Aubert . . .	Nord.
Piéron	à	Avion	Pas-de-Calais.
Pilat (Th.)	à	Brebières.	Pas-de-Calais.
Pillon (Louis).	à	Verchain-Maugré . .	Nord.
Pillore, Ozanne et Cie. .	à	Vic-sur-Aisne. . . .	Aisne.
Platiau frères.	à	Longuenesse	Pas-de-Calais.
Plichon (J.-B.) et Cie. .	à	Eclaron	Haute-Marne.
Poret et Cie.	à	Bussus.	Somme.
Porion (P.).	à	Arques.	Pas-de-Calais.
Poulet (A.) et Cie. . . .	à	Guignes-Rabutin . .	Seine-et-Marne.
Poulin.	à	Montescourt (Liser) .	Aisne.
Prevost, Lempereur et Cie	à	Ronsoy.	Somme.
Provins (veuve) et ses fils.	à	Bapaume.	Pas-de-Calais.
Prudhomme et Cie. . . .	à	Anizy-le-Château . .	Aisne.
Prudhomme et Cie. . . .	à	Quincy-Basse	Aisne.
Prudhomme, Archery frères et Cie.	à	Anizy-Pinon	Aisne.

Q

Quarez et Cie	à	Villeneuve-s-Verberie	Oise.
Quéquignon et Théry . .	à	Grugies	Aisne.

R

Ratte et Cie.	à	Sebourg	Nord.
Régis-Bouvet frères. . .	à	Aiserey.	Côte-d'Or.
Renaudin (N.) et Cie. . .	à	La Guerche.	Cher.
Rigault et Cie.	à	Omissy.	Aisne.
Ringuier (E.)	à	Maisy	Aisne.
Risbourg (Th.) et Cie . .	à	Noyelles-sur-Escaut .	Nord.
Robinet, Waroquier et Cie	à	Any-Martin-Rieux. .	Aisne.
Robinet, Waroquier et Cie	à	Charleville (Pet. Bois)	Ardennes.
Robinet, Waroquier et Cie	à	Charleville (Tivoli). .	Ardennes.
Rohart et Cie.	à	Roclincourt.	Pas-de-Calais.
Rohart, Dollet, Cochon et Cie.	à	Vis-en-Artois	Pas-de-Calais.
Roquez, Finez et Cie. . .	à	Marchiennes	Nord.

S

Saguier et Cie.	à	Transloy	Pas-de-Calais.
Saguier et Cie.	à	Saint-Denis.	Somme.

Sampité et Cie	à Terny-Sorny	Aisne.
Santerre (A.).	à Milempart	Aisne.
Sarrazin et Cie	à Mesbrecourt-Montigny. . . .	Aisne.
Schmid frères et Cie . . .	à Saint-Etienne-Chag	Indre-et-Loire.
Schotmans (Emile). . . .	à Ancoisne.	Nord.
Sénéchal et Hasnon. . .	à Chocques.	Pas-de-Calais.
Silvère-Lobry.	à Houdain	Nord.
Société anonyme, avec râperies, Robin, directeur	à Abbeville.	Somme.
Société anonyme, avec râperies.	à Ardres (Pont-sans-Pareil) . .	Pas-de-Calais.
Société anonyme.	à Beautroux	Aisne.
Société anonyme de Berneuil, Thomas, directeur	à Berneuil	Oise.
Société anonyme sucrière, avec râperies.	à Bray-sur-Seine . . .	Seine-et-Marne.
Société anonyme, Emile Théry, administrateur-délégué.	à Busigny	Nord.
Société anonyme des sucreries de Chalon et Tournus.	à Chalon-sur-Saône . .	Saône-et-Loire.
Société anonyme de la fabrique centrale de Cambrai, avec râperies . . .	à Escaudœuvres. . . .	Nord.
Société anonyme sucrière, avec râperies.	à Lizy-sur-Ourcq . . .	Seine-et-Marne.
Société anonyme sucrière des Deux-Sèvres, avec râperies	à Melle	Deux-Sèvres.
Société anonyme, René, directeur	à Mennecy	Seine-et-Oise.
Société anonyme d'Étricourt.	à Nauroy.	Aisne.
Société anonyme des sucreries de la vallée de la Seille.	à Nomeny	Meurthe.
Société anonyme, siége social chez Bernard frères, à Lille (Nord) . . .	à Piagny.	Nièvre.
Société anonyme, A. Bertrand, administrateur-délégué.	à Pont-à-Mousson. . .	Meurthe.
Société anonyme des sucreries Rételoises, F. Lesur, directeur. . . .	à Réthel	Ardennes.
Société anonyme, Jules Legrand, administrateur délégué.	à Robersart.	Nord.
Société anonyme.	à Sermaize.	Marne.
Société anonyme des sucreries de Chalon et Tournus.	à Tournus	Saône-et-Loire.

Société anonyme des sucreries Rétheloises, avec râperies . . . . à Vauzelles . . . . . Ardennes.
Société anonyme, siége social, 6, rue du Louvre, à Paris . . . . à Villeron . . . . . . Seine-et-Oise.
Société a responsabilité limitée, siége social, 6, rue du Louvre, à Paris, avec râperies . . . . . . à Beauchamps . . . . Somme.
Société a responsabilité limitée, siége social, 50, rue Basse-du-Rempart, à Paris . . . . à Bourdon . . . . . . ; à Chagnat . . . . . . ; à Chappes . . . . . . ; à Saint-Beauzire . . . Puy-de-Dôme.
Société a responsabilité limitée, siége social, 6, rue du Louvre, à Paris. à Billom . . . . Puy-de-Dôme.
Société a responsabilité limitée . . . . à Noailles . . . . . . Oise.
Société a responsabilité limitée . . . . à Poix . . . . Somme.
Société sucrière, avec râperies, administrateur délégué, M. de Loynes (E) à Villenoy . . . . . . Seine-et-Marne.
Stiévenart (Alexis) et Cie. à Monchy-Humières. . Oise.
Stiévenart (Louis) . . . . à Longueil-Ste-Marie . Oise.
Stiévenart et Cie . . . . à Curgies . . . . . . Nord.
Stiévenart (A.) et Cie . . à Tricot . . . . Oise.
Stiévenart et Cie, avec râperies . . . . à Valenciennes . . . Nord.
Stocklin et Cie . . . . . à La Bistade . . . . . Pas-de-Calais.
Storme (Ch.) . . . . . à Palinges . . . . . . Saône-et-Loire.

T

Tamboise . . . . à Rouvroy . . . . . . Pas-de-Calais.
Taquet père et fils . . . . à Préseau . . . . . . Nord.
Tassin et Cie . . . . à Crespin . . . . Nord.
Tassot et Cie . . . . à Chaulnes . . . . . . Somme.
Ternynck, avec râperies . à Chauny . . . . Aisne.
Ternynck (Aimé), avec râperies . . . . à Nogent-sous-Coucy. . Aisne.
Ternynck-Jacquemin . . . à Rouez . . . . Aisne.
Tétard (S.) et E. Tétard. à Gonesse . . . . . . Seine-et-Oise.
Theillier, Miroux et Cie. à Saint-Saulve . . . . Nord.
Théry et Cie . . . . à Villers-Outreau . . . Nord.
Théry (L.) et Duparcq, avec râperies . . . . . . à Athies . . . . Somme.
Théry, Hazard et Capart à Genève-Ponchaux . . Aisne.

THÉRY-LEFÈVRE et Cie, avec râperies. . . . . à Montescourt (Liser) . Aisne.
THIRIAR (E.) et Cie. . . . à Brienon-l'Archevêque Yonne.
THOMAS, WAYRON et Cie . à Quiévrechain . . . . Nord.
TILLOY (veuve N.). . . . à Fournes . . . . . . Nord.
TILLOY-DELAUNE et Cie . . à Courrières . . . . . Pas-de-Calais.
TORDEUX et Cie . . . . . à Hamel-Seraucourt. . Aisne.
TRANNIN (Alf.) . . . . . au Raquet (Lamb.) . . Nord.
TRANNIN-DEFONTAINE . . . à Biache-Saint-Waast. Pas-de-Calais.
TROUSSEL . . . . à Pernes. . . . . . . Pas-de-Calais.

V

VALENTIN (Ch.) . . . . . . à Couternon . . . . . Côte-d'Or.
VALLET (G.) et Cie. . . . à Dainville . . . . . . Pas-de-Calais.
VALLEZ et Cie . . . . . . à Biastre. . . . . . . Solesmes.
VALLOIS (Alexandre) . . . à Mons-en-Pévèle. . . Nord.
VALLOIS frères. . . . . . à Wahegnies. . . . . Nord.
VANDEVILLE . . . . à Maing . . . . Nord.
VANDERWALLEN (F.), de FERNIG et Cie . . . . . à Villers-les-Cagnicourt Pas-de-Calais.
VAVIN (P.) et Cie . . . . à Brazey-en-Plaine . . Côte-d'Or.
VERLET-CHARVET et fils . . à Quiestède. . . . . . Pas-de-Calais.
VERZIER et Cie. . . . . . à Brebières. . . . . . Pas-de-Calais.
VIÉVILLE, DECROIX et Cie. à Chevresis-Monceau. . Aisne.
VIÉVILLE, JADAS et Cie . . à Dercy . . . . Aisne.
VIÉVILLE, JADAS et Cie, avec râperies. . . . . à Pouilly. . . . . . . Aisne.
VILLAIN. . . . . à Mont-s-Mar (Gouy) . Aisne.
VINCHON (veuve). . . . . à Fluquières . . . . . Aisne.
VINCHON-MARTINE . . . . à Douchy . . . . . . Aisne.
VION (E.) et Cie. . . . . à Epehy-Lœuilly. . . . Somme.
VIVIEN (A.) et Cie . . . . à Sainte-Menehould . . Marne.

W

WATTEAU et Cie . . . . . . à Travaux-Pont-Séri-court et Gronart. Aisne.
WOUSSEN et Cie . . . . . . à Houdain . . . . . . Pas-de-Calais.

Y

YOSBERGUE (Emile). . . . à Lambres . . . . . . Pas-de-Calais.

III

LISTE

PAR ORDRE ALPHABÉTIQUE

des noms de localités

A

ABBEVILLE	Somme.	Société anonyme, avec râperies; Robin, directeur.
ABSCON.	Nord.	Desprez, Cauvez et Cie, avec râperies.
ACHEUX	Somme.	Normand et Cie.
AGNEZ-LES-DUISANS . .	Pas-de-Calais. .	Clovis, Dujardin et Cie.
AILLY-SUR-NOYE. . . .	Somme.	De Marcilly et Cie.
AISERRY	Côte-d'Or. . . .	Régis-Bouvet frères.
ALBERT.	Somme.	Durieux (A.) et Cie.
ALBERT.	Somme.	Lefebvre frères.
ALLENNE-LES-MARAIS. .	Nord.	Collette (H.).
ANCOISNE.	Nord.	Emile Schotmans.
ANDELYS	Eure.	Moignet, Larue et Cie.
ANIZY-LE-CHATEAU. . .	Aisne	Prudhomme et Cie.
ANIZY-PINON	Aisne	Prudhomme, Archery fr. et Cie.
ANNAPPES.	Nord.	Lessens (Aug.), représenté par M. Sarazin.
ANNAY	Pas-de-Calais. .	Dellisse-Engrand.
ANNAY	Pas-de-Calais. .	Dufour et Cie.
ANNOEULIN	Nord.	Parsy frères.
ANTILLY	Oise	Boudon (Georges) et Cie.
ANVIN	Pas-de-Calais. .	A. Miroux et Cie.
ANY-MARTIN-RIEUX. . .	Aisne	Robinet, Waroquier et Cie.
ANZIN	Nord.	Briffaut et Cie.
ANZIN	Nord.	Dorchies, Hautecœur, Dassonville et Cie.
ARDRES (PONT-SANS-PAREIL).	Pas-de-Calais. .	Société anonyme, avec râperies.
ARLEUX-DU-NORD . . .	Nord.	De Mot frères et Cie.
ARQUES.	Pas-de-Calais. .	Porion (P.).
ARRAS	Pas-de-Calais. .	Leloup (J.) fils et Cie.
ARTRES.	Nord.	D'Haussy (J.-B.).
ARTRES.	Nord.	Leduc Jacquemarcq.
ASCQ.	Nord.	Droulers (Louis).
ATHIES.	Somme.	Théry (L.) et Duparcq, avec râperies.
ATTICHY	Oise	Bride et Tétrel.
ATTIGNY	Ardennes. . . .	Frère et Cie.
AUBENCHEL-AU-BAC . .	Nord.	Fontaine et Bernard.
AUBY.	Nord.	En liquidation.
AUFFAY.	Seine-Inférieure.	Linard (J.).
AVESNE-SAINT-SIMON. .	Aisne	Dabancourt et Cie.

Avion	Pas-de-Calais.	. F. Fruchart et Cie.
Avion	Pas-de-Calais.	. Piéron.
Auffrique	Aisne	Carette père.
Aulchain.	Nord.	Mocq frères et Landrieux.
Aulnois	Aisne	André et Cie.
Aulnoy	Nord.	En liquidation.
Autrèches	Oise	Labarre. Dujardin et Cie.
Autremencourt. . . .	Aisne	Meunier et Cie.
Auvillers-les-Forges.	Ardennes. . . .	Dequesne père et Cie.
Aux Puisards.	Aisne	Decroix, Vitart et Cie.
Avesnes-le-Sec. . . .	Nord.	Delloye, Lanthiez et Cie.

B

Bacquencourt	Somme.	Demarque, Gruet et veuve Cordelle.
Banteux.	Nord.	Coursier, Passet et Cie.
Bapaume.	Pas-de-Calais.	. Veuve Provins et ses fils.
Bailleul - Sire - Berthoult.	Pas-de-Calais.	. E. Cœuilte et Cie.
Barale.	Pas-de-Calais.	. Lanthiez (A.) et Cie.
Barbery	Oise.	Lallouette (Fréd.), avec râperies.
Baron	Oise.	Lallouette (Fréd.), avec râperies.
Bauvin.	Nord.	Lefort et Dumont.
Bauvin.	Nord.	Lemaire.
Beauchamp (avec râperies)	Somme.	Société à responsabilité limitée; siége social : 6, rue du Louvre, à Paris.
Beaujeux.	Haute-Saône .	. En liquidation.
Beaumont	Pas-de-Calais.	. Gontran d'Hainaut et Cie.
Beaurain.	Oise.	Lallouette (Fréd.), avec râperies.
Beautroux	Aisne	Société anonyme.
Berlaimont.	Nord.	Domengie et Cie.
Bernes.	Somme.	Busignies et Cie.
Berneuil.	Oise.	Société anonyme de Berneuil; Thomas, direct.
Berry-au-Bac.	Aisne	Heyring et Cie.
Bertaucourt-Epourt.	Aisne	Oger et Cie.
Béthune	Pas-de-Calais.	. Delisse (Gustave).
Béthune	Pas-de-Calais.	. Hannicotte.
Béthune	Pas-de-Calais.	. Outrebon (C. et A.).
Beuvry.	Nord.	F. Finez et Cie.
Béville-le-Comte. .	Eure-et-Loir .	. F. Bourez et Cie.
Biaches	Somme.	Juvenel (Irénée) et Cie.
Biache-Saint-Waast.	Pas-de-Calais.	. Trannin-Defontaine.
Biastre	Nord.	Vallez et Cie.

Bihucourt	Pas-de-Calais.	. Iwens et Cie.
Billom.	Puy-de-Dôme.	. Société à responsabilité limitée; siége social : 6, rue du Louvre, à Paris.
Blangy-les-Arras. . .	Pas-de-Calais.	. Champon (E.) et Cie.
Blérancourt.	Aisne	. Denoyon et Cie.
Bohain.	Aisne	. Laurent (J.-B.) et Cie.
Boiry-Ste-Rictrude . .	Pas-de-Calais.	. Ed. Dubois et Cie.
Boisleux.	Pas-de-Calais.	. Delecour (Ch.).
Boistrancourt	Nord.	. En liquidation.
Bondues.	Nord.	. Lamblin frères.
Boucheneuil.	Nord.	. Mabille et Fauville.
Bourdon.	Puy-de-Dôme.	. Société à responsabilité limitée; siége social : 50, rue Basse-du-Rempart, à Paris.
Bourecq	Pas-de-Calais.	. Bourgeois (V.) et Hubert.
Boyelles.	Pas-de-Calais.	. Dujardin (Ed.) et Cie.
Braisne	Aisne	. Dufié frères.
Bray-sur-Seine. . . .	Seine-et-Marne.	Société anonyme, avec râperies.
Brazey-en-Plaine. . .	Côte-d'Or. . . .	. Vavin (P.) et Cie.
Brebières	Pas-de-Calais.	. Th. Pilat.
Brebières	Pas-de-Calais.	. Verzier et Cie.
Bresles	Oise.	. Mercier et Cie.
Brienon-l'Archevêque.	Yonne	. E. Thiriar et Cie.
Brillon	Nord.	. Hennocq et Cie.
Bruay	Nord.	. Miroux (Art.) et Cie.
Bruille-Saint-Amand .	Nord.	. Milcamps et Cie.
Bruille-Saint-Amand .	Nord.	. Lemer (L.) et Cie.
Buchoir	Oise.	. Delarue aîné et Cie.
Busigny	Nord.	. Société anonyme: Emile Théry, administrateur délégué.
Bussus.	Somme.	. Poret et Cie.

C

Calonne-Ricouart . .	Pas-de-Calais.	. Paul Dumon.
Cantin.	Nord.	. Billet (Alfred).
Cantin.	Nord.	. Bonte et fils.
Cappelle.	Nord.	. Ed. Durin et Cie.
Capelle-sur-Écaillon .	Nord.	. Macarez frères.
Cartigny.	Somme.	. Coquin et Cie.
Carvin.	Pas-de-Calais.	. Deligne.
Carvin.	Pas-de-Calais.	. Dupire.
Carvin.	Pas-de-Calais.	. Dutertre.
Carvin.	Pas-de-Calais.	. Lequien (C.).
Carvin.	Pas-de-Calais.	. Menu frères.

Catillon.	Aisne	Baudouin, Prudhomme, Archery frères et Cie.
Catillon-sur-Sambre .	Nord.	V. Doisy et Cie.
Caudry (Fabr., Gare) .	Nord.	Hallotte (Eug.) et Cie.
Cauroir	Nord.	Mairesse (V). et Vanackère (P.).
Cerny-en-Laonnois . .	Aisne	Galant et Letac.
Chocques.	Pas-de-Calais. .	Sénéchal et Hasnon.
Chagnat	Puy-de-Dôme. .	Société à responsabilité limitée; siége social : 50, rue Basse-du-Rempart, à Paris.
Chalon-sur-Saône. . .	Saône-et-Loire.	Société anonyme des sucreries de Châlon et Tournus.
Chambry.	Aisne	Bazin frères, Létrilliart et Cie.
Chappes	Puy-de-Dôme. .	Société à responsabilité limitée; siége social : 50, rue Basse-du-Rempart, à Paris.
Charleville (Petit-Bois)	Ardennes. . .	Robinet, Waroquier et Cie.
Charleville (Tivoli). .	Ardennes. . . .	Robinet, Waroquier et Cie.
Chateau-Neuf	Somme.	Fréville (C.) et Cie.
Chaulnes.	Somme.	Tassot et Cie.
Chauny (Ognes). . . .	Aisne	Dorville père et fils.
Chauny	Aisne	Lelong et Cie.
Chauny	Aisne	Ternynck, avec râperies.
Chavenay-Grignon. . .	Seine-et-Oise . .	Gilbert, Vuaflart, E. Lemaire et Cie.
Chéhéry	Ardennes. . . .	J.-B. Bocquillon et Cie.
Cherizy	Pas-de-Calais . .	Defontaine père, fils et Cie.
Chevresis-Monceau. . .	Aisne	Viéville, Decroix et Cie.
Chevry-Cossigny . . .	Seine-et-Marne .	Dufay et Cie.
Ciry-Salsogne	Aisne	Aubineau (J. et H.).
Clastres.	Aisne	Lebas et Cie.
Clermont-les-Ferm. .	Aisne	Bazin et Cie.
Collonges-les-Prem. .	Côte-d'Or. . . .	Manuel (Ch.) et Cie.
Comines	Nord.	Gondrexon (Louis), Brunswick et Cie.
Coppenansfort	Nord.	Duriez et Droullers.
Corbehem	Pas-de-Calais . .	En liquidation.
Coudekerque.	Nord.	Mathieu et Candeliez.
Coudun	Oise.	Desmarest, Delahaye et Cie.
Courcelles-lez-Lens .	Pas-de-Calais. .	Delaby frères et Cie.
Courcelles.	Aisne	Druelle, Payart, Cocquebert et Cie.
Courrières.	Pas-de-Calais. .	Cabau.
Courrières.	Pas-de-Calais. .	Tilloy-Delaune et Cie.
Couternon.	Côte-d'Or. . .	Valentin (Ch.).
Crépy-sous-Laon . . .	Aisne	Decroix, Belseur et Cie, avec râperies.
Crespin	Nord.	Giraud et Cie.
Crespin	Nord.	Tassin et Cie.

Crèvecœur-le-Grand . Oise . . . . . . Massignon et Dufour.
Crisolles . . . . . . Oise . . . . . . Labarre (A.).
Croisilles . . . . . . Pas-de-Calais . . Baudry (J.) fils et Cie.
Cuincy . . . . Nord . . . . . . Clovis, Godin et Cie.
Curgies . . . . Nord . . . . . . Hourriez, Gosselin et Cie.
Curgies . . . . Nord . . . . . . Stièrenart et Cie.

D

Dainville . . . . Pas-de-Calais . . Vallet (G.) et Cie.
Dallon . . . . Aisne . . . . . Montfourny-Ancelin.
Denain . . . . Nord . . . . . . Baillet frères.
Denain . . . . Nord . . . . . . Couvion-Deroy.
Denain . . . . Nord . . . . . . Deslinselle (Crépin).
Denain . . . . Nord . . . . . . Macarez (Henri).
Dercy . . . . Aisne . . . . . Viéville, Jadas et Cie.
Dizy-le-Gros . . . . . Aisne . . . . . Desjardin, André et Cie.
Doignies . . . . Nord . . . . . . Harry et Cie.
Doingt . . . . Somme . . . . . Dequesne et Cie.
Dompierre . . . . . . Somme . . . . . Normand et Cie.
Douchy . . . . Nord . . . . . . Jeronnez, Rigault et Cie.
Douchy . . . . Aisne . . . . . Vinchon-Martine.
Douilly . . . . Somme . . . . . Leclercq et Cie.
Doullens . . . . Somme . . . . . Gibert et Cie.
Douvrin . . . . Pas-de-Calais . . Lecocq et Crépeau.
Douvrin . . . . Pas-de-Calais . . Lenglin.
Douvrin . . . . Pas-de-Calais . . Leroy et Béghin.
Dozy . . . . Ardennes . . . . Lemmens et Cie.
Duisans . . . . Pas-de-Calais . . Cuvellier et Cie.
Dury . . . . Pas-de-Calais . . Locoge (E.) et Cie.

E

Eclaron . . . . Haute-Marne . . Plichon (J.-B.) et Cie.
Ecluse (l') . . . . . . Nord . . . . . . Dubois (Antoine).
Ecluse (l') . . . . . . Nord . . . . . . A. Dujardins et Cie.
Ecly . . . . Ardennes . . . . Linard frères.
Ecourt-St-Quentin . . Pas-de-Calais . . Godefroy et Trannin.
Englefontaine . . . . Nord . . . . . . Michaux, Vaille et Cie.
Epchy-Lœuilly . . . . Somme . . . . . Vion (E.) et Cie.
Epérancourt . . . . . Somme . . . . . Dersu et Cie.
Epernay . . . . Marne . . . . . Cauvez et Cie
Eppeville . . . . Somme . . . . . Bostenne et Cie, avec râperies.
Eppeville . . . . Somme . . . . . Letombe et Cie.
Ercheu . . . . Somme . . . . . Grannay et Lalanne.

Escaudain	Nord.	Gosselin et Cartigny frères en liquidation.
Escaudœuvres	Nord.	Société anonyme de la fabrique centrale de Cambrai, avec râperies.
Esne.	Nord.	Hallette.
Estreux	Nord.	Hunet (T.) et Cie.
Eth	Nord.	Guilbert et Cie.
Etrepagny	Eure.	D'Armoy et Cie, avec râperies.
Etricourt	Somme.	Boury (A.) et Cie.

F

Famars.	Nord.	Vve Lessens-Douay.
Fampoux.	Pas-de-Calais. .	Dujardin frères et Cie.
Faucouzy (Monceau-le-Neuf.	Aisne	Bazin, Vuaflart et Cie.
Faumont	Nord.	Desmoutiers.
Fenain.	Nord.	Carpentier (Ferd.)
Férin	Nord.	Coupé et Cie.
Fins.	Somme.	Dubar et Cie.
Fismes.	Marne	Fontaine, André, Bazin frères et Cie.
Fismes.	Marne	Goumaut.
Flaucourt	Somme.	Montagne et Cie.
Flavigny-le-Petit. . .	Aisne	Charlier, Painvin, Bas et Cie.
Flavy-le-Martel. . . .	Aisne	Lefranc (A.) et Cie, avec râperies.
Flers	Somme.	Mangin, Croisille et Cie.
Flines.	Nord.	Gruyelle-Rogier.
Flines.	Nord.	Lesage (A.) et Cie.
Flines-lès-Mortagne .	Nord.	Colin et Cie.
Flines-lès-Mortagne .	Nord.	D'Henneton et Cie.
Florenville	Nord.	Botti.
Fluquières.	Aisne	Vve Vinchon.
Fontenay.	Eure.	D'Osmoy et Cie.
Forest.	Aisne	Fouquier d'Hérouel.
Fosseux	Pas-de-Calais. .	Morize et Cie,
Fouilloy.	Somme.	Delacour, Sézille (C.) et Cie.
Fournes	Nord.	Tilloy (Vve N.).
Frais-Marais.	Nord.	Clerc-Urbain et Cie.
Francières.	Oise	Bachoux et Cie.
Frasnoy	Nord.	Lallemand et Cie.
Frégicourt.	Somme.	Dervaux et Cie.
Fresnes	Nord.	Cauvez, Vve Wargny, Vve Bocquillon et Cie.
Fresnes	Nord.	Guyot et Cie.
Fressin	Nord.	Lanwin frères.

Fresnoy-le-Grand. . . Aisne . . . . . Herbert, Vénet et Cie.
Frignicourt . . . . . Marne. . . . . Faugères (V.) et Cie.
Froyères. . . . . . . Oise . . . . . . Daniel et Cie.

G

Genermont. . . . . . Somme. . . . . Morlet et Cie.
Genève-Ponchaux. . . Aisne . . . . . Théry, Hazard et Capart.
Gevigny . . . . Haute-Saône . . E. Motte et L. Beauchamps
Ghissignies. . . . . . Nord. . . . . . Douay frères.
Gonesse . . . . Seine-et-Oise . . S. Tétard et E. Tétard.
Gosnay. . . . . Pas-de-Calais. Gamot-Decrombecque.
Gouy-s.-Bellonne. . . Pas-de-Calais. . Pamart (J.) et Cie.
Graincourt. . . . . Pas-de-Calais. . Candeliez.
Gronard . . . . . . Aisne . . . . . Watteau et Cie.
Grugies . . . . Aisne . . . . . Quéquignon et Théry.
Guemappe . . . . . . Pas-de-Calais . . Caron (E.), Damien et Cie.
Guignes-Rabutin . . . Seine-et-Marne. A. Poulet et Cie.
Guillaucourt. . . . . Somme. . . . . Mollet, Coquin, Normand et Cie.
Guiscard. . . . . Oise . . . . . . Lecus et Cie.
Guizancourt . . . . . Somme. . . . . Accambray et Cie.

H

Ham . . . . Somme. . . . . Arrachard et Vve Lafeuille.
Ham . . . . Somme. . . . . Bernot-Topin.
Hamel-Seraucourt . . Aisne . . . . . Tordeux et Cie.
Hargicourt. . . . . . Aisne . . . . . Coquin, Dermigny, Galant et Cie.
Haspres . . . . Nord. . . . . . Caullot (C. C.).
Haspres . . . . Nord. . . . . . Morelle frère et sœur.
Haubourdin . . . . . Nord. . . . . . Bonzel.
Haumont. . . . . . . Nord. . . . . . L. Gillet, Maricaux et Cie.
Haussu-Amy . . . . . Oise . . . . . . Labruyère et Cie.
Haussy. . . . . Nord. . . . . . A. Gouvion et Cie.
Havrincourt . . . . . Pas-de-Calais. . Havrincourt (Marquis d').
Hem-Monacu . . . . . Somme. . . . . Leroy et Cie
Hénin-Liétard . . . . Pas-de-Calais. . Delaunay fils et Cie.
Hénin-Liétard . . . . Pas-de-Calais. . Gruyelle-Marchand.
Hennetières-s.-Weppe. Nord. . . . . . Lefèvre.
Hergnies. . . . . . . Nord. . . . . . Defernez et Cie.
Hérin . . . . Nord. . . . . . De Baillencourt.
Hervilly. . . . . . . Somme. . . . . Carpeza, Lenain et Cie.
Hombleux . . . . . . Somme. . . . . Baud (Em.) et Cie).
Hornaing . . . . . . Nord. . . . . . Cartigny frères.
Houbourdin . . . . . Nord. . . . . . Butin.

HOUDAIN	Nord.	Silvère-Lobry.
HOUDAIN	Pas-de-Calais. .	Woussen et Cie.
HOULLE	Pas-de-Calais. .	Lafoscade.

I

INCHY-BEAUMONT . . .	Nord.	J. Delamotte et Cie.
IWUY.	Nord.	Delloye Lelièvre.

J

JERCHY.	Nord.	Gabet.

L

LA BASSÉE	Nord.	Godin, Dubruille et Cie.
LABIETTE	Aisne	Blanchart et Mont.
LA BISTADE.	Pas-de-Calais. .	Stocklin et Cie.
LA BOISSIÈRE	Somme.	Dewatenne et Cie.
LA BRIQUETTE.	Nord.	Giraud-Cuvelier.
LA BRIQUETTE.	Nord.	Giraud-d'Haussy.
LA FOSSE.	Nord.	Hennebelles frères.
LA GUERCHE	Cher.	Renaudin (N.) et Cie.
LAMBRES	Nord.	Cambier.
LAMBRES	Nord.	Cuvelier et Cie.
LAMBRES	Pas-de-Calais. .	Yosbergue (Emile).
LA PUGNOY.	Pas-de-Calais. .	Beauvois-Bouxin.
LAUWAIN-PLANQUE. . .	Nord.	Henri Catrice et Cie.
LECELLES.	Nord.	Bouchart-Vibaut et Cie.
LE CHESNE	Ardennes. . . .	Bouchereaux, Govignon et Cie.
LENS.	Pas-de-Calais. .	Decrombecque fils.
LESDINS	Aisne	Lemaire et Cie.
LICOURT	Somme.	Losquendieu frères.
LIÈRES.	Pas-de-Calais. .	Engrand et Cie.
LIÉVAIN	Pas-de-Calais. .	En liquidation.
LIEZ.	Aisne	Jacquemart et Delamotte.
LILLERS	Pas-de-Calais. .	Dermenghem et Cie.
LIZY-SUR-OURCQ. . . .	Seine-et-Marne .	Corbin (H.) et Cie.
LIZY-SUR-OURCQ. . . .	Seine-et-Marne .	Société anonyme sucrière, avec râperies.
LONGUEIL-STE-MARIE. .	Oise	Stiévenart (Louis).
LONGUENESSE	Pas-de-Calais. .	Platiau frères.
LONGUEVAL.	Somme.	Leroy et Cie.

M

Magny	Seine-et-Oise	P. Corbin et Cie.
Mailly-Maillet	Somme	Normand et Cie.
Maing	Nord	Vandeville.
Maisy (H.-Rives)	Aisne	Ringuier (E.).
Marcelcave	Somme	Galle-Scart et Cie.
Marchiennes (F. V.)	Nord	Baucq.
Marchiennes	Nord	Boulongne et Cie.
Marchiennes (F. V.)	Nord	Couplet (D.).
Marchiennes	Nord	Roquez, Finez et Cie.
Marconnelle	Pas-de-Calais	Mention, Rodolphe Quarez et Cie.
Mareil-en-France	Seine-et-Oise	Legru père, fils et Cie, avec râperies.
Maresches	Nord	Carpentier-Sœur et Cie.
Maresches	Nord	Dassonville, Chuffart et Cie.
Mareuil	Pas-de-Calais	Debailleul et Cie.
Margny	Oise	Beaurin (ve) etdeBeaumini.
Marle	Aisne	Gentillez et Cie.
Marquette	Nord	Lesaffre et Bonduelle.
Marquette	Nord	Musy et Cie.
Marquillies	Nord	Brame.
Marteville	Aisne	Caudron et Cie.
Masnières	Nord	Dujardin (A.) et Cie.
Masnières	Nord	Gautier-Peugnet.
Masny	Nord	Fiévet frères.
Mattigny	Somme	Maurel fils, Mauduit et Cie.
Mattigny	Somme	Mauroy (Ch.).
Mazingarde	Pas-de-Calais	Derousseaux et Cie.
Melle	Deux-Sèvres	Société anonyme, sucrière des Deux-Sèvres, avec râperies.
Mennecy	Seine-et-Oise	Société anonyme, René, directeur.
Mérignies	Nord	Desmoustiers (Ern.).
Méru	Oise	Cheylus (E.) et Cie.
Mesbrecourt - Montigny	Aisne	Sarrazin et Cie.
Mesnil-St-Nicaise	Somme	Horrie et Cie.
Milempart	Aisne	Santerre (A.).
Miraumont	Somme	Gobet, Colle et Cie.
Missy-le-Pierrepont	Aisne	Bazin, directeur (Société anonyme).
Mitry	Seine-et-Marne	Millon et Cie.
Monchecourt	Nord	A. Dujardins fils et Cie.
Monchecourt	Nord	Lambelin.
Monchy-Humières	Oise	Stiévenart (Alexis) et Cie.
Monchy-Lagache	Somme	Duparcq et Théry.

Mons-en-Chaussée	Somme	J. Dequesne et Cie.
Mons-en-Pévèle	Nord	Lefèvre (A.).
Mons-en-Pévèle	Nord	Alexandre Vallois.
Montauban	Somme	d'Hormigny et Cie.
Montay	Nord	Goffart.
Montcornet	Aisne	Linard frères et Cie, avec râperie.
Montdidier	Somme	Devienne, Durand et Cie.
Montereau	Seine-et-Marne	Malmazet (J.) et Cie.
Montécouvé	Aisne	Namuroy (Alexandre).
Montescourt (Lizer.)	Aisne	Poulin.
Montescourt (Lizer.)	Aisne	Théry-Lefèvre et Cie, avec râperies.
Montigny	Nord	Maroniez, Dovillers, G. Baucq et Cie.
Mont-s-Mar (Gouy)	Aisne	Villain.
Morienval	Oise	Carandas frères.
Mouchin	Nord	En liquidation.
Moulle	Pas-de-Calais	Degrave.
Moyencourt	Somme	de Launay.
Muille-Villette	Somme	Duroizelle (J.).

N

Nampcel	Oise	Labarre, Dujardin et Cie.
Nangis	Seine-et-Marne	Dewez et Cie.
Nassandres	Eure	Cartier (E.) et Cie.
Nauroy	Aisne	Société anonyme d'Etricourt.
Néry	Oise	Crudenairé (A.) et Cie.
Nesle	Somme	Lallouette (A.).
Neuilly-St-Front	Aisne	Curie (P.-J.) et Cie, avec râperies.
Neuville-les-Bray	Somme	Langoulême (F.) et Cie.
Neuville-Roy	Oise	Lalande jeune et Cie.
Neuville-Saint-Remy	Nord	Fontaine (J. et A.) et Cie.
Neuville-sur-Escaut	Nord	Cardon et Cie.
Neuville-Vitasse	Pas-de-Calais	J. Blondel et Cie.
Neuvilly	Nord	Decaux et Cie.
Neuvilly	Nord	D. Douay, A. Cayez et Cie.
Neuvireuil	Pas-de-Calais	Legentil et Cie.
Nivelles	Nord	En liquidation.
Noailles	Oise	Société à responsabilité limitée.
Noeux	Pas-de-Calai	Hanon (Ch.).
Nogent-sous-Coucy	Aisne	Ternynck (Aimé), avec râperies.
Nogent-sur-Seine	Aube	Linard et Cie.

NOMENY	Meurthe	Société anonyme des Sucreries de la vallée de la Seillé.
NOUVION-LE-COMTE. . .	Aisne	Baudouin, Prud'homme et Cie.
NOYANT.	Aisne	Larue (H.), avec râperies.
NOYELLES-SUR-ESCAUT .	Nord.	Th. Risbourg et Cie.
NOYON	Oise	Labarre et Cie.
NOYON	Oise	Odent-Quey.

O

OISY.	Aisne	Pajot (Th.) et Cie.
OMISSY	Aisne	Rigault et Cie.
ONNAING	Nord.	Brabant frères.
ONNAING	Nord.	Vve Delinsel.
ONNAING	Nord.	Drion-Deslinselle.
ONNAING	Nord.	Freville (L.) fils et Cie.
ONNAING	Nord.	Monnard, Alglavé et Cie.
ORCHIES	Nord.	Duponchelle et Cie.
ORCHIES	Nord.	En liquidation.
ORIGNY-STE-BENOITE. .	Aisne	Goumant, Linard et Cie, avec râperies.

P

PALINGES.	Saône-et-Loire .	Ch. Storme.
PARAY-DOUAVILLE . . .	Seine-et-Oise . .	B. Legru et Cie.
POCQUENCOURT	Nord.	Honoré (F.) et Cie.
PERNES.	Pas-de-Calais. .	Troussel.
PETIT-CAUDRY.	Nord.	Hallette (J.) et Cie.
PHALEMPIN	Nord.	Coget et Delcroix.
PIAGNY.	Nièvre.	Société anonyme (Siége social chez Bernard frères, à Lille (Nord).
PIERREFONDS	Oise.	Legru fils et Cie, avec râperies.
PITHIVIERS	Loiret	H. Bourlet et Cie, avec râperies.
POMMIERS	Aisne	Brunehant (L.).
PONT-A-WENDIN. . . .	Pas-de-Calais. .	Vve Cambier et Vve Brunelle.
PONT-A-WENDIN. . . .	Pas-de-Calais . .	Deligne et Cambier.
PONT-LÉVÊQUE.	Oise.	Denis et Cie.
PONTHIERRY.	Seine-et-Marne .	Devêque et Cie.
POIX.	Somme.	Société à responsabilité limitée.

Pont-a-Mousson . . .	Meurthe	Société anonyme, A. Bertrand, administrateur-délégué.
Pont-Rouge	Aisne	Courtin et Cie.
Pontru	Aisne	Domengie (E.) et Cie.
Pont-sur-Saulx. . . .	Meuse	A. Gronnier.
Pouilly	Aisne	Viéville, Jadas et Cie, avec râperies.
Prémont.	Aisne	Giroud (Gust.) et Cie.
Préseau	Nord.	Dassonville-Guyot.
Préseau	Nord.	Taquet père et fils,
Provin.	Nord.	Grard et Cie:
Provins	Seine-et-Marne .	Munault et Cie.
Proyart	Somme.	Normand et Cie.

Q

Quarouble	Nord.	Alglave et Cie.
Quéant.	Pas-de-Calais. .	Legentil, Trannin et Cie.
Quernes	Pas-de-Calais. .	Mille et Cie.
Quesnoy	Nord.	Cacheux, Gillard, Lefebvre et Cie.
Quesnoy-sur-Deule . .	Nord.	Crespel (Léon) et Cie.
Quessy.	Aisne	Decroix et Jadas.
Quiestède	Pas-de-Calais. .	Verlet-Charvet et fils.
Quiévrechain.	Nord.	Thomas Wayron et Cie.
Quincy-Basse.	Aisne	Prudhomme et Cie.

R

Raches.	Nord.	Delclève et Cie.
Raillencourt.	Nord.	Desvignes et Cie.
Raismes	Nord.	Delerue (Em.) et Cie.
Raismes	Nord.	Doffenies et Cie.
Ramécourt.	Pas-de-Calais. .	Lecouffe (Eugène).
Raquet (au) (Lamb.). .	Nord.	Trannin (Alf.).
Ravenel	Oise	Bouché et Cie.
Ressons-sur-Matz. . .	Oise	Coponet et Cie.
Réthel.	Ardennes. . . .	Société anonyme des sucreries Rétheloises, F. Lesur, directeur.
Révelon	Somme.	Legru, Magniez et Cie.
Ribécourt	Oise	Lucy.
Ribémont.	Somme.	Crespin et Cie.
Robersart	Nord.	Société anonyme (Jules Legrand.

Roclincourt	Pas-de-Calais	Rohart et Cie.
Roeux	Pas-de-Calais	F. Fruchart et Cie.
Ronsoy	Somme	Prevost, Lempereur et Cie.
Roost-Warandin	Nord	Clerc-Urbain et Cie.
Rosult	Nord	En liquidation.
Rouez	Aisne	Ternynck-Jacquemin.
Rouvroy	Pas-de-Calais	Leclercq.
Rouvroy	Pas-de-Calais	Tamboise.
Roye	Somme	Bertin.
Roye	Somme	Ménier, avec râperies.
Roye	Somme	Perret (Alfred) et Cie.
Rozières-en-Santerre	Somme	Galtié (Alf.) et Cie.
Rozières-en-Santerre	Somme	Leroy et Cie.
Rue	Somme	Corblet et Cie.
Rumegies	Nord	Bulteau-Easciaux.

S

Saint-Amand	Nord	Mottez et Cie.
Saint-Aubert	Nord	Piérart, Jéronnez, Fauville et Cie.
Saint-Beauzire	Puy-de-Dôme	Société à responsabilité limitée, siège social, 50, rue Basse-du-Rempart, à Paris.
St-CLAIR-DE-LA-TOUR-DU-PIN	Isère	Camichel et Cie.
Saint-Denis	Somme	Saguier et Cie.
Saint-Etienne-Chag.	Indre-et-Loire	Schmid frères et Cie.
Saint-Germain-Mont.	Ardennes	Linard frères, avec râperie.
Saint-Hilaire-Cottes	Pas-de-Calais	Debusne.
Saint-Just	Oise	J. Desjardins et Cie, avec râperies.
Saint-Lazare	Aisne	Briquet (Victor),
Saint-Léger	Pas-de-Calais	Demiautte.
Saint-Leu-d'Esserent	Oise	Eclancher et Cie, avec râperies.
St-Martin-au-Laert.	Pas-de-Calais	Belin.
St-Martin-au-Laert.	Pas-de-Calais	Cambronne (E.).
Sainte-Menehould	Marne	A. Vivien et Cie.
Saint-Nazaire	Pas-de-Calais	Hanicotte (Auguste).
Saint-Saulve	Nord	Jacquemarcq et Cie.
Saint-Saulve	Nord	Theillier, Miroux et Cie.
Saint-Waast	Nord	Colmant (H.) et Cie.
Saint-Waast-la-Haut	Nord	Maurice.
St-Waast-lez-Bavay.	Nord	Herbert et Cie.
Saleux	Pas-de-Calais	A. Devaux.
Salomé	Nord	Danel (Louis).
Salomé	Nord	D'Hénin.
Salomé	Nord	Houvenaghel.

SANTES	Nord	Bernard neveu.
SAULTAIN	Nord	Hamoir (G.) et frères.
SAULTY	Pas-de-Calais	Crépin.
SAULZOIR	Nord	A. Gouvion et Cie, avec râperies.
SAVY-BERLETTE	Pas-de-Calais	Deregnancourt, Largillière et Cie.
SEBOURG	Nord	Ratte et Cie.
SÉCLIN	Nord	Collette-Vallois.
SÉCLIN	Nord	Veuve Démazières.
SÉCLIN	Nord	Dujardin frères.
SEC-MARAIS	Nord	Lubrez, Cathelain et Cie.
SENERCY	Aisne	Niay père et fils, H. Rousseau, Millot et Cie.
SERAINCOURT	Ardennes	Lemoine et Cie.
SERAUCOURT	Aisne	Dusanter et Cie.
SERMAIZE	Marne	Société anonyme.
SIN	Nord	E. Fiévet et Cie.
SINCENY	Aisne	Fouquet (Ch.).
SOLESMES	Nord	Ménard et Cie.
SOMAIN	Nord	Musy et Cie.
STEENE	Nord	Dantu-Dambricourt.

T

TAISNIÈRES-SUR-HON	Nord	Bernard et Cie.
TERGNIER	Aisne	Miroux, Mention et Cie.
TERNY-SORNY	Aisne	Sampi é et Cie.
THIANT	Nord	Mariage (J.-B.) et Cie.
THUMELARD-ST-AMAND	Nord	Lemer-Talmant.
THUMERIES	Nord	Béghin (F.).
TILQUES	Pas-de-Calais	Legrand (A.).
TOULIS	Aisne	Mariolle, Letac, Vuaflart et Cie.
TOURNUS	Saône-et-Loire	Charbonneau.
TOURNUS	Saône-et-Loire	Société anonyme des sucreries de Chalon et Tournus
TRACY-LE-VAL	Oise	Lefranc (Ad.) et Cie.
TRANSLOY	Pas-de-Calais	Saguier et Cie.
TRAVAUX-PONT-SÉRICOURT	Aisne	Watteau et Cie.
TRICOT	Oise	A. Stiévenart et Cie.
TRITH-SAINT-LÉGER	Nord	En liquidation.
TROSLY-LOIRE	Aisne	Lemoine et Théry.

V

VADENCOURT-BOHERIES	Aisne	Houel et ses fils.
VAILLY	Aisne	Painvain, Charlier et Cie.

Valenciennes.	Nord.	Dutemple.
Valenciennes.	Nord.	Stiévenart et Cie, avec râperies.
Vandegies-Ecaillon. .	Nord.	Bracq (A.) et Cie.
Vauciennes.	Oise.	Gérard, Niay et Cie, avec râperies.
Vaurains.	Aisne	Courtin et Cie.
Vaux-sous-Laon. . . .	Aisne	Legras, Midelet et Cie.
Vauzelles	Ardennes. . . .	Société anonyme des sucreries Rételoises, F. Lesur, directeur.
Vellexon	Haute-Saône . .	Petit (René).
Vendhuile	Aisne	Georges et Cie.
Verchain-Maugré. . .	Nord.	Pillon (Louis).
Verquin	Pas-de-Calais. .	Calonne (L.) et Cie.
Verton.	Pas-de-Calais. .	Corblet et Cie.
Vervins	Aisne	J. Lussigny et Cie.
Vic-sur-Aisne. . . .	Aisne	Pillore, Ozanne et Cie.
Vierzy.	Aisne	Legru, Dollot, Moreau et Cie.
Vieux-Condé	Nord.	Cousin (C.) et Cie.
Villeneuve-s-Verberie	Oise.	Quarez et Cie.
Villenoy.	Seine-et-Marne .	Société sucrière, avec râperies, administrateur délégué M. de Loynes (E.).
Villeron.	Seine-et-Oise . .	Société anonyme, siége social, 6, rue du Louvre, à Paris.
Villers-les-Cagnicourt	Pas-de-Calais. .	F. Vanderwallen de Fernig et Cie.
Villers-lez-Guise. . .	Aisne	Bas, Charlier, Painvin et Cie.
Villers-Outreau . . .	Nord.	Théry et Cie.
Villers-Pol	Nord.	Busignies.
Villers-St-Christophe.	Aisne	Martine frères et Cie.
Vis-en-Artois. . . .	Pas-de-Calais. .	Caron (A) et Cie.
Vis-en-Artois. . . .	Pas-de-Calais. .	H. Morize.
Vis-en-Artois	Pas-de-Calais. .	Rohart, Dollet, Cochon et Cie.
Vitry	Pas-de-Calais. .	Demory.
Vitry	Pas-de-Calais. .	Alfred Doisy et Cie.
Vouziers.	Ardennes. . . .	Frère et Cie.

W

Wahegnies.	Nord.	Vallois frères.
Wailly.	Pas-de-Calais. .	Grard (H.), César Dujardin et Cie.
Wallers.	Nord.	Delerue (Em.) et Cie.
Wandignies-Hamage. .	Nord.	En liquidation.

Wargnies-le-Grand . .	Nord.	Dervaux-Ibled, avec râperies.
Wasnes-au-Bac	Nord.	P. Bouchez.
Waulx-Vraucourt . .	Pas-de-Calais . .	Palyart et Cie.
Wavignies	Oise.	Duriez et Cie.
Wavrechain-s.-Denain.	Nord.	Deslinselle (Aimé).
Ws-Marines	Seine-et-Oise . .	P. Corbin et Cie.
Wult	Nord.	Deswatenne, Lefèvre et Cie.

93.74. — Boulogne (Seine). Imprimerie JULES BOYER et Cie.

Administration : 11, rue Neuve-Saint-Augustin, à Paris.

MACHINES A VAPEUR VERTICALES

FIXES OU LOCOMOBILES

LES SEULES MONTÉES SUR SOCLE-BATI-ISOLATEUR

DIPLOME D'HONNEUR

MÉDAILLE D'OR et GRANDE MÉDAILLE D'OR aux Expositions de Lyon et Moscou, 1872.
MÉDAILLE DE PROGRÈS (équivalant à la grande Médaille d'or), à Vienne, 1873

Portatives, fixes ou locomobiles, depuis la force de 1 à 20 chevaux. LEURS DISPOSITIONS SPÉCIALES ET LA SUPÉRIORITÉ DE LEUR CONSTRUCTION leur ont valu LES PLUS HAUTES RÉCOMPENSES accordées à ce genre de machines dans toutes les EXPOSITIONS, et la MÉDAILLE D'OR dans TOUS LES CONCOURS. — CYLINDRE A ENVELOPPE. — RÉCHAUFFEUR D'ALIMENTATION. — RÉGULATEUR ET DÉTENTE VARIABLE. — TRÈS-PETITE VITESSE — MEILLEUR MARCHÉ QUE TOUS LES AUTRES SYSTÈMES. — Pas d'installation, pas de cheminée spéciale. — Arrivent toutes montées, prêtes à fonctionner. — Occupent très-peu d'espace, se placent partout comme un meuble ordinaire. — Brûlent toute espèce de combustible et utilisent tout le calorique. — Conduites et entretenues par le premier venu. — Elles s'appliquent, par leur commodité et la régularité de leur marché, à toutes les exploitations industrielles et agricoles.

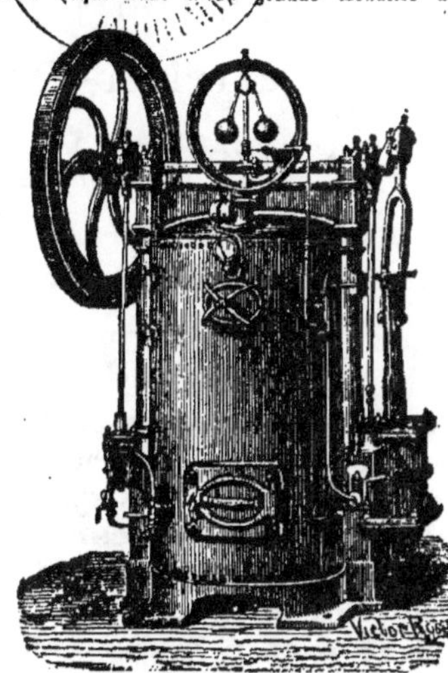

CHAUDIÈRES
INEXPLOSIBLES

SÉCURITÉ ABSOLUE

GARANTIES

MACHINES A VAPEUR HORIZONTALES

LOCOMOBILES AVEC OU SANS TRAIN DE ROUES

DIPLOME D'HONNEUR

— *Médaille d'or et grande Médaille d'or aux expositions de Lyon et Moscou, 1872.* — *Médaille de Progrès (équivalant à la grande Médaille d'or) à Vienne, 1873.*

L'ensemble de ces machines est élégant, simple et très-solide; les dernières construites, elles réunissent tous les perfectionnements désirés de ce genre de moteurs. Elles ont obtenu les récompenses les plus élevées accordées à ce genre de machines, dans toutes les expositions et les concours. Le mécanisme est monté sur un fort bâti d'une seule pièce, complétement indépendant de la chaudière, sur laquelle il est posé à la façon d'un bât, et maintenu par un système d'attaches sans joints ni boulonnages. La machine peut être ainsi enlevée de dessus la chaudière et déposée comme une machine fixe sur une pierre d'assise. La manœuvre et l'entretien sont faciles; le nettoyage s'opère d'une façon complète, grâce aux vastes proportions du corps de la chaudière et à la disposition des tubes. Le foyer est disposé pour brûler toute espèce de combustible. Montées sur train de roues à articulations et à rotules, elles peuvent aller et tourner dans tous les sens et sur les plus mauvais chemins.

Envoi franco du Prospectus détaillé

J. HERMANN-LACHAPELLE

Constructeur-Mécanicien, Faubourg Poissonnière, à PARIS

REVUE INDUSTRIELLE

(CHRONIQUE DE L'INDUSTRIE)

Journal hebdomadaire illustré

Publiée par Hippolyte FONTAINE et Amédée BUQUET

52, RUE SAINT-GEORGES. — PARIS

La **Revue industrielle**, qui, depuis le 1er janvier 1870, paraissait par livraisons mensuelles, a augmenté son format et est devenue hebdomadaire depuis le 1er février 1874.

Cette publication contient des renseignements et des données pratiques sur tous les progrès de l'industrie, et, plus spécialement, sur ceux de la mécanique, des transports et des travaux publics, donne la liste des brevets d'invention délivrés en France et renferme un grand nombre de dessins intercalés dans le texte et 26 grandes planches in-folio tirées à part.

Les années 1872 *et* 1873 *formant chacune un fort volume in-8°, avec un grand nombre de figures, se vendent séparément, au Bureau de la* **Revue industrielle**, **15** *francs.*

ABONNEMENTS

Paris et Belgique, un an, **25** francs. — Départements, Italie et Suisse, **30** francs. — Allemagne, Angleterre, Autriche, Espagne, Portugal, **35** francs. — Brésil, Constantinople, Égypte, États-Unis, Russie, **40** francs.

Un numéro, **60** cent. ; — par la poste, **75** cent.

ANNONCES

Annonces anglaises, la ligne en 7, suivant justification de la page.

Une insertion	—		la ligne..............fr.	1 »
13	—	(3 mois)	—	» 60
26	—	(6 mois)	—	» 40
52	—	(un an)	—	» 25

ADMINISTRATION : 52, *RUE SAINT-GEORGES*

La ***REVUE INDUSTRIELLE*** **est le seul journal hebdomadaire qui renferme des notices et de grands dessins sur le matériel de sucrerie et sur la fabrication du sucre.**

POMPES NEUT ET DUMONT

INDUSTRIE. — ÉPUISEMENTS. — IRRIGATIONS

Paris, 55, *rue Sedaine,* — **Lille,** 61, *rue de Fives*

MÉDAILLE DE PROGRÈS, EXPOSITION DE VIENNE 1873

POMPES CENTRIFUGES

(BREVETÉES S. G. D. G.)

Tuyaux en fonte et en fer galvanisé

pour conduites d'eau et de gaz acide carbonique

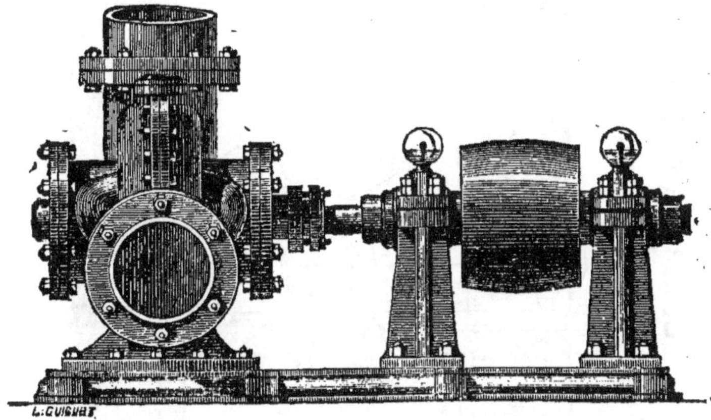

Ces Pompes fonctionnent dans plus de 400 Sucreries

Applications spéciales pour l'élévation des Eaux chaudes, des Jus à toute température et spécialement des Eaux chaudes de condensation sur le refrigérant à fascines.

Envoi franco de Prospectus, Dessins et Renseignements complets.

Machine Dynamo-Electrique Gramme

POUR

GALVANOPLASTIE, DÉCOMPOSITION CHIMIQUE, LUMIÈRE ÉLECTRIQUE

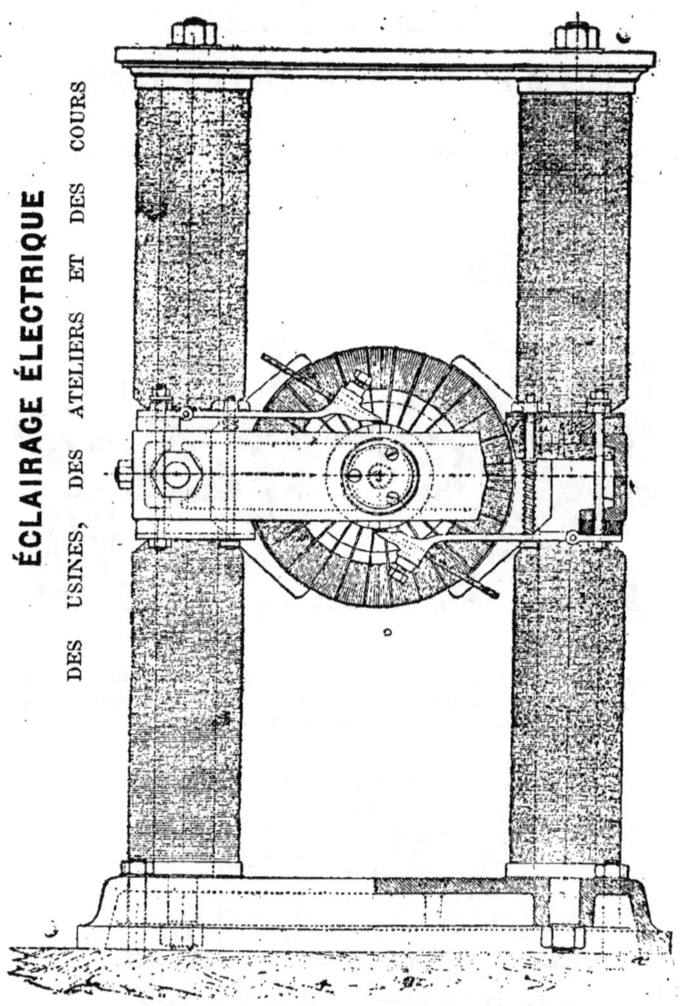

S'adresser à M. Hippolyte FONTAINE, Administrateur de la Société des **Machines magnéto-électriques**, 52, *rue Saint-Georges*, à Paris.

A. SUC, CHAUVIN et Cie

90 médailles

50, BOULEVARD DE LA VILLETTE, 50

PARIS

Instruments de pesage, Bascules à charrette et à bestiaux, Ponts à bascule perfectionnés pour véhicules à deux et quatre roues, Chemins de fer pour les exploitations rurales, Plaques tournantes, Wagons à caisse automatique, b. s. g. d. g., versant des quatre côtés indifféremment, pour sucreries et distilleries, Wagons pour étables, Aiguillages, Changements de voie.

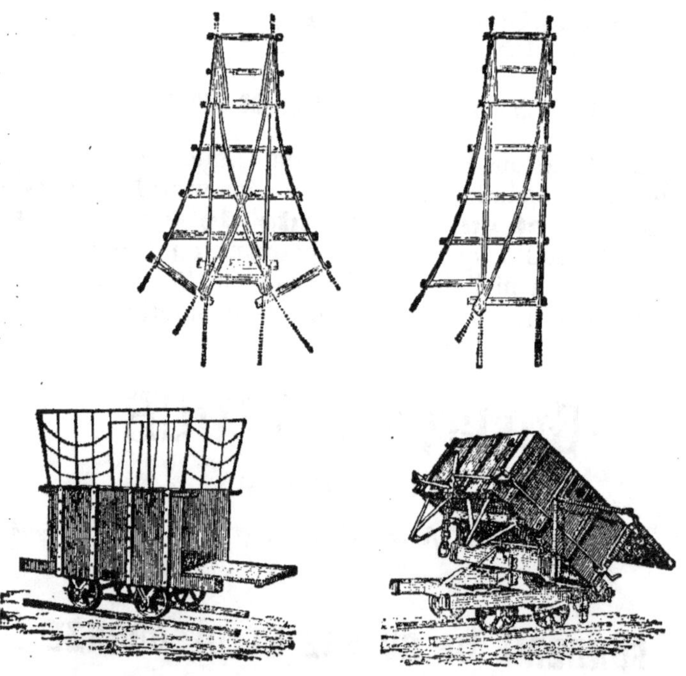

Monte-Betteraves, Grues fixes et roulantes, Treuils, Grue roulante spéciale, Grue pour changer les râpes, Chaînes à godets, Transmissions de mouvement, Broyeur et Pulvériseur de noir.

PRÉPARATION

ET

PURIFICATION DES EAUX

Système BÉRENGER et STINGL

Hippolyte FONTAINE

SEUL REPRÉSENTANT ET FRANCE

52, rue Saint-Georges, 52

PARIS

Le procédé sur lequel nous appelons l'attention des propriétaires d'usines est d'une efficacité absolue. Il convient aux chaudières à vapeur et à toutes les industries employant de l'eau chaude ou froide.

Que les eaux soient CALCAIRES, SÉLÉNITEUSES ou MAGNÉSIENNES, séparément ou tout à la fois, qu'elles soient GRASSES du fait de la condensation, le procédé BÉRENGER et STINGL les rend en peu d'instants *pures, claires* et *limpides*.

983.74. — BOULOGNE (SEINE). — IMPRIMERIE JULES BOYER ET Cie

www.ingramcontent.com/pod-product-compliance
Lightning Source LLC
LaVergne TN
LVHW050422160826

845677LV00002BA/490
* 9 7 8 2 3 2 9 7 3 0 6 2 2 *